Das große
Kochbuch
für Babys
und
kleine Kinder

DUNJA RIEBER weiß aus ihrer Zeit mit einem Baby und einem Kleinkind: Das Essen für die Kleinen soll gesund und lecker sein, aber auf gar keinen Fall kompliziert und aufwändig. So hat die studierte Ernährungswissenschaftlerin mit viel Kreativität und Fachwissen ganz einfache Rezepte mit wenigen Zutaten kreiert, die auch »Kochanfängern« gelingen und dem Kind schmecken. Dunja Rieber arbeitet heute als Journalistin und Kochbuchautorin. Für ihre Arbeit wurde sie bereits mit dem Journalistenpreis der Deutschen Gesellschaft für Ernährung (DGE) ausgezeichnet. Sie lebt und arbeitet mit ihren beiden Töchtern und ihrem Mann in Landsberg/Bayern.

Dunja Rieber

Das große Kochbuch für Babys und kleine Kinder

Vom Gemüsebrei bis zur Lasagne:
240 Rezepte

TRIAS

Das schmeckt im 1. Jahr

Lust auf Brei?

Willkommen am Familientisch

Kleine Gerichte für alle

Essen für Anfänger

Es ist immer wieder schön zu erleben, wie aus Babys Kinder werden, die gerne zu gesunden Lebensmitteln greifen. Auch als meine Töchter begannen, sich fürs Essen zu interessieren, war das mein Wunsch: Sie sollten Freude am Essen haben und die ganze Vielfalt natürlicher Lebensmittel lieben lernen. Die Basis dafür können wir als Eltern schon früh legen. Denn was unsere Kinder in den ersten zwei Jahren an Lebensmitteln kennenlernen, wird ihnen mit großer Wahrscheinlichkeit auch später schmecken.

Über die Zeit bis zum zweiten Geburtstag hat die Forschung in den letzten Jahren viel dazugelernt. Die Ernährung unserer Kinder in den ersten 1000 Tagen – das ist die Zeitspanne von der Zeit im Bauch bis zum zweiten Geburtstag – hat einen Einfluss auf ihr gesamtes späteres Leben. Das Wichtigste dabei ist, dass sie eine möglichst große Vielfalt von Geschmäckern kennenlernen. Und die bieten uns vor allem frische Lebensmittel der Saison, am besten natürlich aus der Region. Sie sind nicht nur nährstoffreicher, sondern schmecken auch immer wieder ein wenig anders – vor allem besser als verarbeitete Produkte aus dem Supermarkt oder der Drogerie.

Mein wichtigster Rat lautet also: Zeigen Sie Ihrem Baby die ganze Geschmacksvielfalt der Natur. Denn was es in den ersten zwei Jahren kennenlernt, wird es auch später eher mögen. Lassen Sie es das Essen anfassen, probieren – und lieben lernen! Das funktioniert nicht immer sofort – aber mit der Zeit. Dies bestätigt auch die Wissenschaft: Der sogenannte »Mere-Exposure-Effekt« beschreibt, dass Kinder jene Lebensmittel am liebsten mögen, mit denen sie vertraut sind – also die, die Sie zu Hause immer wieder anbieten. Und genau dabei hilft Ihnen dieses Buch. Alle Rezepte stammen aus unserer Familienküche. Auch meine Töchter haben nicht immer sofort alles gegessen und gemocht, deshalb finden Sie hier auch viele Gerichte, in denen allseits Beliebtes mit neuen Geschmacksnoten kombiniert wird – und daher von den Kleinen oft leichter akzeptiert wird.

Ich bin überzeugt von der Kraft, die in selbst gekochtem Essen steckt – in jeder Lebensphase und besonders natürlich in den ersten Lebensjahren. Es ist nicht nur gesünder, frischer und günstiger, sondern schmeckt auch besser. Also los geht's!

Landsberg, im Sommer 2020

Dunja Rieber

Das
schmeckt
im 1. Jahr

Von der Milch zum Brei

Was Babys satt und glücklich macht

Es gibt sie alle: die Löffel-Verweigerer, die Immer-nur-das-Eine-Esser, die Fingerfood-Liebhaber und auch die Ganz-nach-Plan-Babys. Der Beikoststart ist genauso individuell wie Ihr Baby, schließlich hat jeder Mensch seine ganz eigenen Vorlieben, auch schon die ganz Kleinen. Erst Möhre oder erst Kürbis? Beides ist gut! Mit jedem Brei entdeckt Ihr Baby neue Geschmäcker. Doch eine Regel sollten Sie in jedem Fall beherzigen: Beginnen Sie mit der Beikost keinesfalls vor dem fünften Lebensmonat. Und auch nach dem Beikoststart spielen Muttermilch oder Pre-Milch weiterhin die Hauptrolle. Die Milchmahlzeiten werden zunächst »nur« von der neuen festen Kost begleitet.

In den ersten vier Monaten ist Ihr Baby mit Muttermilch oder Pre-Milch bestens versorgt. In der Milch steckt alles, was Ihr Baby zum Wachsen braucht, und Babys Darm ist zu diesem Zeitpunkt noch nicht reif genug, um feste Kost zu verdauen. Die Weltgesundheitsorganisation rät immer noch dazu, Babys volle sechs Monate zu stillen. Aus Sicht der Allergieprävention können alle Babys, die schon mit fünf Monaten die motorischen Voraussetzungen mitbringen, mit Beikost beginnen.

Mit Lernbrei fängt es an

Für den Anfang genügt es, Ihrem Baby vor dem Stillen oder dem Fläschchen zwei, drei Löffelchen Lernbrei anzubieten. Das kann ein purer Gemüsebrei sein, etwa gedünstete Möhre oder Pastinake. Aber auch ein einfacher, mit Wasser angerührter Getreidebrei oder mit der Gabel fein zerdrückte Avocado oder Kartoffeln sind möglich. Den restlichen Hunger darf Ihr Baby weiterhin mit Milch stillen. Und auch alle Nährstoffe bekommt es noch ausreichend durch seine Milch.

Wenn Ihr Baby den Brei immer wieder mit der Zunge herausschiebt, braucht es noch etwas Zeit und muss sich erst mit der neuen Nahrung vertraut machen. Warten Sie dann einfach ein oder zwei Wochen und probieren Sie es dann erneut. Der Lernbrei schmeckt Ihrem Baby? Prima, dann können Sie diesen Brei Schritt für Schritt zu einer ausgewogenen ersten Mahlzeit ausbauen.

Frühestens mit Beginn des fünften Lebensmonats

sollte es den ersten Brei geben, spätestens zum Ende des siebten Monats. Lassen Sie Ihr Kind zumindest davon kosten. Denn Studien ergaben, dass allergieauslösende Stoffe in diesem Zeitraum vom kindlichen Organismus am ehesten toleriert werden: Wenn Kinder in diesem Zeitfenster z. B. Dinkel oder Weizen probierten, erkrankten sie später seltener an einer Glutenunverträglichkeit (Zöliakie) – hierfür reichen schon kleinste Mengen aus. Ansonsten besteht kein Grund zur Eile: Ausschließliches Stillen versorgt Ihr Baby auch über das erste Halbjahr hinaus mit allem, was es braucht.

Was Babys Brei enthalten sollte

Starten Sie etappenweise: Schmeckt Ihrem Baby der Gemüsebrei, so geben Sie als Nächstes sättigende Kartoffeln hinzu. Dann kommen eisenreiche Hafer- oder Hirseflocken oder ein wenig Fleisch dazu, mindestens fünfmal pro Woche. Klingt nach viel? Für die Eisenaufnahme ist es günstiger, öfters kleine Portionen Fleisch zu essen als einmal wöchentlich eine große. Geben Sie diesem Gemüse-Fleisch-Brei bzw. Veggie-Brei auch etwas Vitamin-C-reichen Saft hinzu, der die Eisenaufnahme verbessert. Statt Fleisch darf es ein- bis zweimal pro Woche auch Fisch sein, der gesunde Fette und Jod liefert. Jetzt fehlt nur noch etwas Rapsöl, das gesunde Omega-3-Fettsäuren enthält. Schmeckt Ihrem Baby die warme Hauptmahlzeit, kommen ein milchfreier Getreide-Obst-Brei sowie ein Vollmilch-Getreide-Brei hinzu. Entscheiden Sie, welchen Sie zuerst anbieten möchten. Der Getreide-Obst-Brei wird mit Wasser angerührt, ist somit weniger kalorienreich und daher vormittags oder nachmittags gut für zwischendurch geeignet. Weil er keine Milch enthält, liefert er auch gut verfügbares Eisen. Der Vollmilch-Getreide-Brei sättigt langanhaltend, daher wird er gerne abends vor dem Schlafengehen gefüttert. Ist Ihr Baby morgens besonders hungrig, können Sie ihn genauso gut zum Frühstück füttern.

BABYGELEITETE BEIKOST. Es gibt kein festes Schema für die Babyernährung, auch wenn genaue Fahrpläne dies vielleicht so aussehen lassen. Die vom Forschungsinstitut für Kinderernährung vorgeschlagene Reihenfolge ist keine feste Regel, schließlich funktionieren Babys nicht nach einem standardisierten Schema. Denken Sie auch daran: Das Wort »Beikost« bedeutet, dass diese der Muttermilch oder Pre-Milch beigefüttert wird. Die Beikost ergänzt die Milchmahlzeiten also, aber ersetzt sie nicht sofort, wie herkömmliche Beikostpläne das vermitteln. In der Realität verläuft der Prozess des Essenlernens bei Weitem nicht so geradlinig, wie es oft dargestellt wird.

> *Dass Ihr Baby von Anfang an große Mengen isst, ist unwahrscheinlich. Wie andere Dinge auch muss es das Essen erst lernen – in seinem ganz eigenen Tempo.*

Ihr Baby möchte mittags mit Obst beginnen anstatt mit Gemüse? Oder Ihre Pellkartoffeln sind viel interessanter als pürierter Brei? Solange Sie Ihrer Intuition vertrauen und auf die Bedürfnisse Ihres Babys achten, spricht nichts dagegen, es anders zu machen! Sehen Sie diesen »Brei-Fahrplan« als grobe Orientierung dafür, nach und nach einen abwechslungsreichen und ausgewogenen Speiseplan für Ihr Baby zusammenzustellen. Los geht's: Viele Vorschläge für gesunde Mahlzeiten finden Sie in den Rezeptteilen (Seite 30).

Ist mein Baby bereit für Beikost?

Jedes Baby ist anders – hören Sie auf Ihr Gefühl

Um den sechsten Monat herum fangen die meisten Babys an, sich für das Essen der Großen zu interessieren. Orientieren Sie sich dabei an den Bedürfnissen Ihres Babys. Es zeigt Ihnen, wann es dafür bereit ist!

Zwischen Theorie und Praxis liegen manchmal Welten. Die anderen Babys essen alle schon – und Ihres nicht? Wann genau ein Kind bereit für zusätzliche Beikost ist, ist individuell verschieden. Es hängt von seiner Entwicklung ab und auch davon, wie leicht es sich von Brust oder Flasche trennen mag. Lassen Sie sich nicht verunsichern: Ihr Baby kann sich ruhig noch ein bisschen Zeit lassen mit der Beikost. Die Milchmahlzeiten haben auch ab dem sechsten Lebensmonat und darüber hinaus noch einen

hohen Wert für Ihr Baby. Es gibt Babys, die jeden Löffel Brei ablehnen, andere greifen, sobald sie können, nach Mamas Kartoffeln. Dazwischen gibt es viele Abstufungen. Es kann sein, dass Ihr Baby gerne das isst, was im »klassischen« Beikostplan vorgeschlagen wird; ebenso kann es natürlich auch sein, dass es sehr früh Fingerfood bevorzugt.

Welches sind die Beikost-Reifezeichen?

Beobachten Sie Ihr Baby lieber genau, anstatt einem Kalender zu folgen. Und hören Sie auf Ihr Gefühl. Keiner kennt Ihr Baby schließlich so gut wie Sie. Allgemein setzt die Beikostreife bestimmte motorische Fähigkeiten voraus, damit Ihr Kind mit fester Nahrung

umgehen kann. Dies sind Zeichen dafür, dass Ihr Kind reif für Beikost ist:

SELBSTÄNDIG SITZEN.

Ihr Baby kann weitestgehend aufrecht sitzen. Dennoch ist Ihr Schoß ein guter Platz für die ersten Fütterversuche, weil Sie Ihr Baby intuitiv stützen. Bereit für den Hochstuhl ist Ihr Kind, wenn es sich selbstständig in die Sitzposition bringen kann.

ZUNGENSTOSSREFLEX.

Babys schieben Essen automatisch mit der Zunge aus dem Mund, solange der Zungenstoßreflex vorhanden ist. Bis dahin schützt es sich so vor Dingen, die potenziell gefährlich sind. Schmale und ganz flache Löffel sollen das Stillen imitieren und dadurch den Reflex umgehen. Doch solange der Zungenstoßreflex besteht, ist das Baby noch nicht bereit für Beikost. Warten Sie dann lieber noch ein wenig.

INTERESSE AM ESSEN.

Natürlich sollte sich Ihr Baby auch für Ihr Essen oder das der anderen Familienmitglieder interessieren. Doch Interesse allein ist kein eindeutiges Zeichen für die Beikostreife. Alles, was neu für Babys ist, weckt in diesem Alter Interesse.

GREIFEN KÖNNEN.

Das Nachlassen des Zungenstoßreflexes geht mit verbesserten motorischen Fähigkeiten einher. Ist Ihr Baby reif für Beikost, kann es daher auch nach Essen greifen und es zum Mund führen.

BABY ÖFFNET DEN MUND…

Ihr Baby drückt seine Lippen zusammen und möchte den Löffel nicht in den Mund nehmen? Das ist ein eindeutiges Signal, dass Sie zu früh dran sind. Vertrauen Sie Ihrem Baby: Mit einem geöffneten Mund zeigt es Ihnen, dass es probieren möchte.

…UND WEISS, WANN ES SATT IST.

Genau wie das Baby beim Stillen oder dem Saugen aus dem Fläschchen aufhört zu saugen, wenn es satt ist, tut

Lassen Sie Ihrem Baby alle Zeit, die es braucht, um sich an die neue Kost zu gewöhnen. Auch wenn es jetzt Beikost bekommt, bleibt Milch weiterhin wichtig. Ist es begeistert von der neuen Kost, können Sie schneller Milch- durch Breimahlzeiten ersetzen. Oft zieht sich das Abstillen allerdings länger hin, häufig bis zum ersten Geburtstag oder manchmal auch darüber hinaus.

es dies auch bei fester Kost. Schließt es seinen Mund oder dreht es den Kopf weg, heißt das: Ich möchte nicht mehr. Gerade zu Beginn der Beikostzeit wird Ihr Baby danach oft noch nach Milch verlangen. Das ist völlig natürlich – vertrauen Sie darauf, dass Ihr Baby weiß, was ihm guttut.

Der Start

Ist Ihr Baby bereit? Und Sie haben einen leckeren Brei vorbereitet? Dann kann es losgehen! Geben Sie etwas Brei auf Babys Lippen – und schauen Sie, was passiert. Wie reagiert Ihr Baby auf die neue Textur und den neuen Geschmack? Vielleicht öffnet es seinen Mund und möchte mehr. Vielleicht genügt der eine Löffel aber auch erst einmal für heute. Das Wichtigste ist jetzt, Ihr Baby genau zu beobachten und seine Zeichen zu verstehen, und nicht, eine möglichst große Menge zu füttern.

Setzen Sie auf Vielfalt und bieten Sie auch unbeliebte Gemüsesorten immer mal wieder an. Studien zeigen: Kinder, die in den ersten zwei Jahren viel probiert haben, essen auch später abwechslungsreicher.

Der flexible Beikostplan

Es gibt viele gute Wege für Babys, satt zu werden

Fragt man manche Experten, folgt Babys Ernährung einem ausgeklügelten Plan. Doch viele Babys haben ihre ganz eigenen Vorlieben beim Essen. Dieser flexible Plan gibt Ihnen eine grobe Übersicht und zeigt: Ihr Baby weiß selbst am besten, wie es satt wird.

Was im ersten Jahr für Babys Ernährung wichtig ist

1. BIS 4. MONAT:

» Ihr Baby ist mit Muttermilch oder Pre-Milch bestens versorgt.

» Feste Nahrung ist in diesem Alter weder nötig noch empfehlenswert, weil die Verdauung noch nicht ausgereift ist und Babys in diesem Alter saugen, nicht kauen.

» Wie viel Ihr Baby trinkt, schwankt von Tag zu Tag – das ist völlig normal, solange es stetig zunimmt und einen gesunden Eindruck macht. Auch im Fläschchen darf gerne ein Rest bleiben.

» Das Trinken nach Bedarf ist die natürlichste Form der Babyernährung. Sie können auf das Hunger- und Sättigungsempfinden Ihres Babys vertrauen.

AB DEM 5. MONAT

» Starten Sie nicht vor dem fünften Monat mit der Beikost.

» Für die ersten Löffelversuche eignen sich milde Gemüsepürees und mit Wasser angerührte Instant-Getreideflocken.

» Zwei bis drei Löffelchen reichen für den Anfang, es müssen noch keine ganzen Milchmahlzeiten ersetzt werden.

» Schiebt Ihr Baby den Brei mit der Zunge direkt wieder aus dem Mund, warten Sie noch ein wenig und versuchen Sie es in ein oder zwei Wochen erneut.

» Machen Sie sich keine Sorgen, wenn es nicht auf Anhieb klappt. Der richtige Zeitpunkt ist von Kind zu Kind unterschiedlich. In puncto Nährstoffe ist Ihr Baby mit Milch noch ausreichend versorgt.

» Apfelmus oder zerdrückte Banane gewöhnen Ihr Baby an den süßen Geschmack? Die Vorliebe für Süßes ist angeboren, denn auch Muttermilch ist süß. Wenn es mit Gemüse nicht klappt, bieten Sie Ihrem Baby Apfel- oder Birnenmus an. Auch wenn umfangreiche Sortimente in der Baby-Abteilung es vermitteln: Eine Extra-Ausstattung zum Essenlernen braucht Ihr Baby nicht. Ein kleinerer Löffel genügt für den Anfang.

AB DEM 6. MONAT

» Mischen Sie das Gemüsepüree zunächst mit Kartoffeln – sie machen den Brei sättigender.

» Als Nächstes ergänzen Sie den Gemüse-Kartoffel-Brei durch eisenreiche Zutaten wie Fleisch oder Hafer- bzw. Hirseflocken und ein- bis zweimal in der Woche Fisch.

» Ein Löffel Rapsöl im Brei liefert wertvolle Fette, Vitamin-C-reicher Saft verbessert die Eisenaufnahme.

» Es ist nicht nötig, die Milchmahlzeiten zu reduzie-

ren. Ihr Baby wird nach und nach selbst weniger danach verlangen.

» Ob Sie den Milch-Getreide-Brei oder den milch-freien Getreide-Obst-Brei als Erstes einführen, ist für die Nährstoffversorgung Ihres Babys unerheblich. Beides ist möglich.

» Traditionell füttern viele Eltern den Milch-Getreide-Brei gerne am Abend, weil er gut und langanhaltend sättigt.

» Wenn Sie keine Kuhmilch verwenden möchten, können Sie für den Milch-Getreide-Brei auch Naturjoghurt nehmen. Auch süße Breie sollten gelöffelt und nicht im Fläschchen gefüttert werden.

AB DEM 9. MONAT

» Mit etwa neun oder zehn Monaten trinken viele Babys weniger Muttermilch. Umso wichtiger ist, was jetzt an nährstoffreichen Lebensmitteln auf dem Speiseplan steht.

» Wenn Ihr Baby gut mit der Beikost zurechtkommt, müssen Sie Breie nicht mehr ganz fein pürieren; bereiten Sie sie nach und nach etwas stückiger zu.

» Ihr Baby konnte sich noch nicht mit Brei anfreunden? Fingerfood-Liebhaber fangen durch die verbesserte Mund- und Handmotorik oft erst jetzt so richtig mit dem Essen an.

» Bieten Sie auch Breiliebhabern immer mal wieder Fingerfood an.

» Mit klein geschnittenen Butterbrotwürfeln kommen einige Babys jetzt schon gut zurecht.

» Je weniger Milch Ihr Baby trinkt, umso wichtiger wird zusätzliches Wasser aus dem Becher. Reichen Sie zu jeder Mahlzeit etwas Wasser.

AB DEM 11. MONAT

» Zeit fürs gemeinsame Familienessen! Die warme Hauptmahlzeit braucht nicht mehr unbedingt extra gekocht zu werden. Einfache Gerichte aus gesunden Zutaten sind eine gute Wahl für die ganze Familie.

» Statt Milch oder Brei schmeckt jetzt den meisten Babys zum Frühstück oder Abendbrot eine Scheibe Brot mit Butter oder Frischkäse.

» Babys haben ein anderes Geschmacksempfinden als Erwachsene. Salzige, stark gesüßte oder gewürzte Speisen sind daher tabu, ebenso schwer verdauliche Speisen.

» Genießen Sie das Stillen auch gerne weiterhin, solange Sie und Ihr Baby es möchten.

Fürs Baby kochen – so einfach geht's

Sie möchten für Ihr Baby selbst kochen – das ist wunderbar! Und einfacher, als Sie vielleicht denken. Klar, dass man sich seine Zeit mit Kind gut einteilen muss. Jeden Tag alles frisch einkaufen und kochen – das ist gar nicht nötig, wenn Sie sich einen gesunden Vorrat an leckeren Babygerichten anlegen.

Einfach kochen

Thermo-Küchenmaschine, Dampfgarer? Alles nicht nötig, ein normaler Kochtopf reicht völlig aus. Einfach alle Zutaten klein schneiden und mit wenig Wasser im geschlossenen Topf weich garen, das Kochwasser aufbewahren. Damit können Sie den Brei später verdünnen, wenn er zu fest ist.

Probierportionen

Eiswürfelboxen sind während der ersten Beikostzeit besonders praktisch. Frisch gekochte Gemüseportionen lassen sich darin ebenso gut einfrieren wie gekochtes und püriertes Fleisch. Und bei Bedarf lässt sich alles schnell auftauen oder erwärmen. Am besten Behälter mit Deckel verwenden.

Salzfrei

Auch wenn es ohne Salz für Sie fade schmeckt: Für Essanfänger ist pure Möhre ein wahres Geschmackserlebnis. Babybrei zu salzen ist deshalb absolut unnötig – und vor allem ist ungesalzene Babykost auch besser für Babys Nieren!

Stressfrei löffeln

Essanfänger brauchen in der ersten Zeit wenig Abwechslung beim Essen. In den ersten Wochen geht es erst mal um das Kennenlernen des Löffels und der neuen Konsistenzen. Bleiben Sie also entspannt: Ein auf Vorrat gekochtes Gemüsepüree reicht für den Anfang.

Wichtiges Extra

Geben Sie in den Gemüsebrei und auch in den Gemüse-Kartoffel-Fleisch-Brei immer einen Löffel Rapsöl. Das macht den Brei nicht nur sättigender, sondern das Öl liefert auch wertvolle Omega-3-Fettsäuren und unterstützt den Körper beim Aufnehmen fettlöslicher Vitamine. Zusätzlich etwas Obstsaft verbessert die Eisenaufnahme aus dem Brei.

Stampfen oder pürieren?

Sie können alles mit dem Pürierstab pürieren. Kartoffeln und Gemüse lassen sich auch einfach mit der Gabel oder dem Kartoffelstampfer zerdrücken. Fleisch sollten Sie in der Anfangszeit pürieren oder Sie verwenden fein zerkrümeltes Hackfleisch.

In 10 Schritten
von der Milch zum Brei

Der erste Brei ist für Ihr Baby – und auch für Sie – ein großer Schritt. Wie Ihr Baby ganz einfach und entspannt daran Gefallen findet, zeigt Ihnen dieser Fahrplan.

1 In den ersten vier Monaten bekommt Ihr Baby mit der Muttermilch oder Pre-Milch alles, was es braucht. Brei ist jetzt nicht nur unnötig, sondern belastend für Babys Darm.

2 Nehmen Sie Beikostpläne lediglich als Orientierung. Sie müssen sich nicht streng daran halten. Es gibt keinen Beikostplan, der die individuellen Vorlieben eines jeden Babys berücksichtigt.

3 Ihr Baby stößt Essen nicht mehr automatisch aus dem Mund, kann sitzen und führt Essen zum Mund? Prima, dann können Sie einen ersten Beikostversuch starten.

4 Zum Breikochen brauchen Sie keine besondere Kochausstattung. Etwas weich gedünstetes und püriertes Gemüse wie Kürbis, Möhre oder Pastinake macht den Anfang.

5 Bewährt hat sich der späte Vormittag bzw. Mittag als Beikostbeginn. Dann sind die meisten Babys wach, ausgeruht und offen für Neues.

6 Für den Anfang reichen wenige Löffelchen Brei. Babys Magen-Darm-Trakt muss sich langsam an die neue Kost gewöhnen. Und den meisten Babys reichen erst mal kleine Probiermengen.

7 Ihr Baby verträgt die ersten Kostproben gut? Dann steigern Sie die Menge langsam. Gerne können Sie Ihrem Baby auch zwei- oder dreimal am Tag etwas Gemüsepüree anbieten.

8 Muttermilch oder Pre-Milch bleiben weiterhin Babys Hauptnahrungsquelle. Richten Sie sich nach dem Tempo Ihres Kindes und erhöhen Sie nach und nach die Menge und Vielfalt der angebotenen Lebensmittel.

9 Eine vorgegebene Reihenfolge dafür, welche Milchmahlzeit als Erstes ersetzt werden muss, gibt es nicht. Lassen Sie Ihr Baby gerne morgens seinen Grießbrei essen, auch wenn mittags nach zwei Löffeln Möhrenbrei Schluss ist.

10 Schränken Sie Milchmahlzeiten nicht eigenständig ein. Sobald Ihr Baby sich an die Beikost etwas gewöhnt hat, werden die Stillmahlzeiten automatisch weniger.

Vegetarisch fürs Baby?

Ja, Babys brauchen Eisen. Aber das steckt nicht nur in Fleisch.

mmer mehr Menschen verzichten auf Fleisch. Und auch Ihr Baby können Sie problemlos ohne Fleisch ernähren. Ein vegetarischer Speiseplan kann sogar noch gesünder sein, wenn Sie wissen, was jetzt besonders häufig auf dem Speiseplan stehen sollte.

Das Thema Eisen ist heiß diskutiert und viele Mythen kreisen um diesen Nährstoff. Doch dass Babys Eisenvorräte ab dem sechsten Monat aufgebraucht sind, ist nur teilweise richtig. Auch nach dem sechsten Monat liefert Muttermilch Ihrem Baby noch Eisen.

Zwar enthält Muttermilch vergleichsweise kleine Mengen davon, doch ist das in ihr enthaltene Eisen besonders gut verwertbar.

Richtig ist allerdings: Bekommen Babys im Laufe des ersten Lebensjahres weniger Muttermilch, wird umso wichtiger, dass eisenreiche Lebensmittel auf den Tisch kommen. Schließlich ist Babys Bedarf an Eisen pro Kilogramm Körpergewicht in dieser Lebensphase höher als jemals sonst im Leben. Um die Eisenspeicher zu füllen, ist nicht unbedingt Fleisch nötig. Es gibt einige gute Alternativen.

Um einem Mangel vorzubeugen, empfiehlt die Deutsche Gesellschaft für Ernährung für Babys und Kleinkinder 8 mg Eisen am Tag.

Hafer- und Hirseflocken

Die beiden Getreideflocken sind für Veggie-Babys aus zwei Gründen eine sehr gute Eisenquelle: Sie zählen zu den eisenreichsten Lebensmitteln überhaupt und Babys können sie in ausreichenden Mengen essen. Im Gemüse-Kartoffel-Brei lässt sich das Fleisch durch 10 g der Getreideflocken ersetzen. Weil Milchprodukte die Eisenaufnahme hemmen, sollte dieser Brei möglichst milchfrei sein. Auch der Getreide-Obst-Brei liefert reichlich Eisen, da er nur mit Wasser sowie Vitamin-C-reichem Obst (das die Eisenaufnahme aus den Getreideflocken verbessert) zubereitet wird. Und selbst Gemüse liefert Ihrem Baby wertvolles pflanzliches Eisen:

Vitamin-C-reiches Obst oder Obstsaft

verbessern die Eisenaufnahme. Um den Körper bei der Verwertung des Eisens zu unterstützen, sollten Sie dem Veggie-Brei etwas Saft hinzufügen – pro Mahlzeit etwa ein bis zwei Esslöffel. Orangensaft und Apfelsaft enthalten natürlicherweise viel Vitamin C. Statt Saft können Sie ebenso gut Obstmus verwenden.

Die Top Five der eisenreichen Gemüse:

Topinambur (3,7 mg/100 g)

Fenchel (2,7 mg/100 g)

Spinat/Mangold (4,1 mg/100 g)

Erbsen (1,8 mg/100 g)

Zucchini (1,5 mg/100 g)

Quinoa und Amaranth

Die zwei Pseudogetreide liefern sogar noch etwas mehr Eisen als Getreideflocken. Doch das Forschungsinstitut für Kinderernährung empfiehlt den häufigen Verzehr wegen ihres Saponin- und Gerbstoffgehalts erst ab dem zweiten Lebensjahr. Gelegentlich dürfen Quinoa und Amaranth aber gerne Babys Speiseplan bereichern. Mein Rat: Waschen Sie die Körnchen in einem Sieb gründlich unter fließendem Wasser ab. Ein Großteil der Saponine sitzt auf der Schale und kann weggewaschen werden.

Rote Linsen

Viele Eltern sind überrascht, wie gut Linsen ihrem Baby schmecken. Rote Linsen sind bekömmlicher als andere Hülsenfrüchte und daher für den Anfang ideal. Nach dem Kochen werden sie schön weich – perfekt für kleine Kauanfänger. Die kleinen Power-Pakete liefern neben viel Eisen auch gesunde Ballaststoffe und pflanzliches Eiweiß. Für Veggie-Babys sind sie ideal, weil sie auch reichlich Zink liefern, das bei einer vegetarischen Ernährung ebenfalls oft knapp sein kann. Zink ist wichtig für die Blutbildung und ein starkes Immunsystem.

Nussmus

Hier ein Löffel Mandelmus in den Grießbrei, da etwas Sesammus in den Kartoffelbrei gerührt – selbst wenn es keine großen Mengen sind, helfen auch Nüsse und Samen, das Eisenkonto der Kleinen zu füllen. Wichtig: Ganze Nüsse und Samen sind noch nichts für Ihr Baby. Nussmus hingegen ist ideal für Ihren kleinen Essanfänger.

Fleisch oder fleischlos?

WELCHE NÄHRSTOFFE LIEFERT UNS NUR FLEISCH? Das wichtige Vitamin B_{12} nehmen wir nur über Fleisch, Eier und Milch bzw. Milchprodukte auf. Je nach Ernährungsweise kann das Vitamin deshalb zur Mangelware werden. Eisen aus Fleisch wird besonders gut aufgenommen; Eisen steckt aber auch in Vollkorn, Kräutern und grünem Gemüse.

WAS BEDEUTET EINE GUTE FLEISCH-QUALITÄT? Herstellung und Herkunft sind für den Verbraucher leider nicht immer transparent. Klar ist, dass es sich bei Billigfleisch nicht um eine gute Qualität handeln kann. Fragen Sie Ihren Metzger, woher er sein Fleisch bezieht. Wer Biofleisch wählt, kann sicher sein, dass in ihm keine Antibiotika und Hormone enthalten sind.

UND WIE GESUND IST VEGAN? Komplett auf jegliche tierischen Lebensmittel zu verzichten, halten die meisten Experten im Baby- und Kindesalter für nicht empfehlenswert. Bestimmte Nährstoffe wie Vitamin B_{12} könnten dann schnell knapp werden. Wer sich dennoch dafür entscheidet, sollte sich vorher Rat bei seinem Kinderarzt oder Ernährungsberater einholen und muss Speisepläne sehr ausgewogen zusammenstellen.

Ich hab da mal 'ne Frage …

… zum Beikoststart

Meine Tochter ist fünf Monate alt. Mit dem Stillen klappt es wunderbar. Braucht sie trotzdem schon Brei? Babys dürfen ab dem fünften Monat Beikost essen – begleitend zum Stillen oder zum Fläschchen. Kinder, die vor dem siebten Monat glutenhaltige Beikost bekommen, sind weniger anfällig für Zöliakie, sagen Allergieexperten. Aber die Weltgesundheitsorganisation WHO sagt auch: Ausschließliches Stillen ist in den ersten sechs Monaten für Säuglinge völlig ausreichend. Mein Rat: Wenn Sie die nächsten Wochen weiter voll stillen, ist das völlig in Ordnung. Bieten Sie Ihrer Tochter ruhig ab und zu einen Löffel Getreidebrei an. So beugen Sie einer Glutenunverträglichkeit vor und merken, wenn Ihr Baby Lust auf mehr bekommt.

Dauernd verschluckt sich mein Baby. Ist es überhaupt schon bereit für Beikost? Wahrscheinlich ist Ihr Baby noch nicht bereit für Beikost. Auch der Zungenstoßreflex muss verschwunden sein, sonst befördert Ihr Baby alles gleich wieder aus dem Mund, was hineinkommt. Hier helfen ein bis zwei Wochen Pause. Mein Rat: Je flüssiger der Brei, desto leichter kann Ihr Baby ihn am Anfang schlucken.

Mein Baby isst immer nur wenige Löffelchen. Wird es so satt? Nein, satt wird es nicht. Aber das muss es auch nicht. Denn seinen Hunger stillt es nach wie vor mit Muttermilch oder Pre-Milch, die Sie weiter nach Bedarf anbieten sollten. Nach einiger Zeit wird die Breimenge zunehmen. Falls nicht: Keine Sorge, Beikost ist nicht wegen ihres Energiegehalts wichtig, sondern wegen der Nährstoffe. Aber auch Muttermilch liefert Ihrem Baby noch viele Vitamine und auch Eisen. Falls Sie sich Sorgen machen, ob Ihr Baby ausreichend mit Eisen versorgt ist, sprechen Sie ruhig mit Ihrem Kinderarzt.

Mein Baby mag nur Obstbrei, keinen Gemüsebrei. Ist das ungesund? Apfel, Banane und Co. sind gesund, enthalten jedoch etwas weniger Mineralstoffe als Gemüse. Durch den geringeren Ballaststoffgehalt und den recht hohen Fruchtzuckergehalt sättigen sie weniger als Gemüse und Kartoffeln. Versuchen Sie es mal mit einem Mix aus Gemüse und Obst oder Süßkartoffeln. Oder Sie füttern Ihrem Baby Obstbrei (am besten mit sättigenden Getreideflocken angereichert) und machen Ihm Gemüse als Fingerfood schmackhaft.

Brei isst meine Tochter gerne. Aber trinken möchte sie nichts. Ist das schlimm? Erst wenn Ihre Tochter nur noch wenig Milchmahlzeiten zu sich nimmt und ihren Hunger mehr und mehr durch Beikost stillt, braucht sie zusätzliches Wasser. Sie können Ihrer Tochter aber gerne zur Gewöhnung schon jetzt ab und zu einen Trinklernbecher oder ein kleines Glas Wasser anbieten.

Von Beikost bekommt mein Baby Verstopfung. Wie kann ich ihm helfen? Oft sind zu viele Möhren der Grund für eine langsamere Verdauung, denn sie wirken stopfend. Füttern Sie Möhre im Wechsel mit anderen Sorten wie z.B. Pastinake, Kürbis oder Süßkartoffel. Oder Sie geben dem Möhrenbrei etwas Apfel hinzu.

Ist feste Kost gleich nach dem Stillen wirklich gut für Babys? Statt Brei feste Kost – diese Methode nennt sich »Baby led weaning« (Seite 62), also babygesteuertes Füttern. Die Idee: Püriertes ist überflüssig, weil Babys schon ab dem sechsten Monat auch ohne Zähnchen Nahrung zerdrücken können. Natürlich, mit Breimahlzeiten lässt sich die Nährstoffzufuhr besser kontrollieren. Aber Babys nach Plan zu füttern funktioniert selten. Wenn Milchmahlzeiten die Hauptnahrungsquelle bleiben, ist Fingerfood für Babys sehr zu empfehlen. Und warum immer ein strenges Entweder-oder? Kombinieren Sie einfach Breimahlzeiten mit handlichem Fingerfood.

Mein Sohn isst keinen Brei, dafür gerne Fingerfood. Kann er auch ohne Zähne schon etwas Festes essen? Auch ohne Zähne können Babys mit der Zunge Nahrung am Gaumen zerdrücken. Bieten Sie Ihrem Sohn feines Vollkornbrot, eine Pellkartoffel, gedünstetes Gemüse oder weiches Obst an. Es ist allerdings nicht ungewöhnlich, dass es oft einige Wochen dauert, bis Babys mit fester Kost zurechtkommen. Sie haben oft bis in den siebten Monat hinein noch einen ausgeprägten Würgereiz, wenn Festes in ihren Mund gelangt.

Allergieschutz von Anfang an

Setzen Sie von Anfang an auf Vielfalt, um Allergien vorzubeugen.

Die neue Vielfalt macht Spaß, doch manche Nahrungsmittel gehören noch nicht auf den Speiseplan – weil sie Babys Magen-Darm-Trakt unnötig belasten würden oder zu hart zum Kauen sind. Um Allergien möglichst zu verhindern, können Sie einige hilfreiche Präventionsmaßnahmen treffen.

Mindestens vier Monate stillen

Babys, die bis zum 5. Lebensmonat ausschließlich Muttermilch oder Pre-Milch trinken, sind optimal vor Allergien geschützt. Denn beides liefert Ihrem Baby alle Nährstoffe in bestmöglicher Zusammensetzung. Zu frühes Zufüttern würde Babys Magen-Darm-Trakt unnötig strapazieren und die Neigung zu Allergien fördern. Ab dem 5. Lebensmonat Ihres Babys gilt:

> *Allergiegefährdete Babys müssen keine Lebensmittel meiden und bekommen dasselbe Essen wie Babys, die nicht zu Allergien neigen.*

Das heißt nicht, dass Beikost bereits ab dem 5. Lebensmonat gefüttert werden muss. Aber Babys, die schon die nötigen Voraussetzungen mitbringen, dürfen gerne schon mit dem Essen beginnen.

Soll mein Baby glutenfrei essen?

Gluten ist ein Eiweiß, das in Weizen, Roggen und Dinkel vorkommt. Für die allermeisten Kinder ist Gluten völlig harmlos. Grundlos darauf zu verzichten, ist nicht nur wirkungslos, falls Ihr Baby eine mögliche Allergieneigung haben sollte. Viele als »glutenfrei« deklarierte Produkte im Supermarkt sind stark industriell verarbeitet und enthalten zudem häufig zugesetzten Zucker oder andere Zusatzstoffe.

Es lohnt sich daher, von Anfang an auf natürliche Vielfalt zu setzen, denn das trainiert Babys Darm und sein Immunsystem. Heute raten Experten nicht mehr dazu, auf typische Allergieauslöser wie Gluten, z. B. aus Weizen, oder auf Eier oder Kuhmilch zu verzichten. Wenn Kindern diese Nahrungsmittel vorenthalten werden, führt das nicht zu weniger Allergien – im Gegenteil: Essen Babys mit einer Veranlagung für Zöliakie zwischen dem 5. und 7. Lebensmonat glutenhaltiges Getreide wie Weizen oder Dinkel, schützt dieses wie eine Impfung davor, dass sie eine Zöliakie entwickeln. Babys Immunsystem – das zu 80 Prozent im Darm sitzt – wird gefordert und lernt so, mit Fremdstoffen umzugehen. Und dafür reichen schon kleinste Mengen: Ein bisschen Rührei, mal etwas Fisch im Brei, Grießbrei mit Kuhmilch oder gelegentliches Lutschen an einem Weizenbrot sind der beste Allergieschutz im Alltag. Füttern Sie Ihrem Baby außerdem zwischen dem 5. und 7. Lebensmonat etwas glutenhaltigen Weizen- oder Dinkelbrei. Dabei reicht es schon aus, wenn Sie diesen Brei nur ab und zu mal füttern.

Die Milch-Frage

Darf mein Kind schon Kuhmilch zu sich nehmen? Diese Frage stellen sich viele Eltern. Milch pur ist tatsächlich nicht empfehlenswert für Babys. Bei Kuhmilch kommt es auf die Menge und die Qualität an. Wählen Sie am besten Biomilch. Darüber freuen sich nicht nur die Kühe, sie hat auch eine gesündere Fettzusammensetzung.

200 ML IM BREI SIND AUSREICHEND

Kuhmilch aus der Flasche sollten Babys im ersten Jahr nicht bekommen. Der Grund: Milch liefert konzentriertes Eiweiß. Zu viel davon tut Babys nicht gut und Forscher vermuten sogar einen Zusammenhang mit späterem Übergewicht. Daher ist Kuhmilch kein Ersatz für Muttermilch oder Pre-Milch. Sicher, in Milch stecken viele Nährstoffe wie Kalzium, Zink, Jod und viele B-Vitamine, darunter auch das seltene Vitamin B_{12}. Als Breizutat ist Kuhmilch deshalb empfehlenswert, doch zu viel kann belasten.

Das muss noch warten

ROHES Räucherlachs oder Rohmilchkäse sind lecker, keine Frage. Doch damit müssen Babys noch warten, bis sie am Familientisch mitessen dürfen. In Rohem und Geräuchertem können Keime stecken, die Babys Darm belasten und schlimmstenfalls krank machen können. Würziger und lange gereifter Hartkäse wie Parmesan ist weniger gefährlich. Ihn können Babys bereits gegen Ende des ersten Lebensjahres essen.

HONIG Bis zum ersten Jahr sollte dieses Süßungsmittel für Babys tabu sein. Honig kann Keime des Erregers Clostridium botulinum enthalten, die die Darmflora des Babys noch nicht abwehren kann. In Gebäck ist er aber kein Problem, denn beim Erhitzen sind die Keime abgetötet worden.

HARTES Nüsse, Möhrenstücke, Apfelschnitze – alles, was hart ist und gut gekaut werden muss, ist für Babys im ersten Lebensjahr ungeeignet. Die Gefahr, dass beim Schlucken etwas in die Luftröhre kommt, ist einfach zu groß.

SALZ UND ZUCKER Verzichten Sie bis zum ersten Geburtstag auf Salz, das nicht nur Babys Nieren belastet, sondern auch sein Geschmacksempfinden negativ beeinflusst. Mindestens genauso lange sollten Sie auch Zucker meiden, da er das Risiko für Übergewicht erhöht und den Appetit auf Gesundes nimmt.

Trinkt mein Kind genug?

Wie viel und welche Getränke sich fürs Baby eignen

Am Anfang bekommen Babys Milch – diese reicht als Flüssigkeitszufuhr. Und wie sieht es danach aus? Wer Brei isst, braucht bald zusätzlich Flüssigkeit. Doch wie viel sollte ein Baby trinken? Und vor allem: Welche Getränke sind für seine gesunde Entwicklung am besten?

Unser Körper besteht zu einem Großteil aus Wasser und daher ist Wasser eines unserer wichtigsten Lebensmittel überhaupt. Solange ein Baby gestillt wird oder das Fläschchen bekommt, ist sein Bedarf gedeckt. Doch je mehr Beikost auf Babys Speiseplan steht, desto mehr muss das Kleine seinen Durst zusätzlich löschen.

Zusätzliche Flüssigkeit zur Milch braucht Ihr Baby spätestens, wenn es drei Breimahlzeiten am Tag isst. Dann ist Wasser die richtige Wahl. Bieten Sie ihm am besten zu jeder Mahlzeit und auch zwischendurch immer wieder Wasser an. Als Faustregel gilt: Einjährige sollten etwa 600 ml Wasser am Tag trinken.

Was kann mein Baby trinken?

Die beste Wahl für Ihr Kind ist stilles Wasser. Das kann aus der Flasche oder direkt aus der Leitung kommen. (Allerdings sollten Sie sicher sein, dass das Leitungswasser nicht aus alten Bleileitungen kommt. Wenn Sie es nicht genau wissen, können Sie sich bei Ihrem örtlichen Gesundheitsamt beraten lassen, ob eine Labormessung des Wassers für Sie sinnvoll ist.) Generell ist die Wasserqualität in Deutschland jedoch ausgezeichnet, so dass Sie Leitungswasser oder Wasser aus der Flasche für Ihr Baby ohne Abkochen verwenden können. Und Wasser ist mehr als ein Durstlöscher, denn in ihm stecken auch wertvolle gelöste Mineralien wie Magnesium und Kalzium. Wenn Babys anfangs Wasser ablehnen bzw. nur wenig Wasser trinken, sind viele Eltern in Sorge, dass es zu wenig Flüssigkeit zu sich nimmt. Doch solange Sie stillen oder das Fläschchen geben, brauchen Sie sich darüber keine Gedanken zu machen. Trinkenlernen erfordert ebenso viel Geduld wie Essenlernen und es kann einige Wochen dauern, bis Ihr Baby einige Schlucke Wasser trinkt. Grundsätzlich mögen alle Babys Wasser, solange Sie nicht ihre Vorliebe für süße Säfte aktivieren. Worauf Sie verzichten können, ist abgepacktes Baby-Wasser. Als Alternative können Sie Ihrem Baby gelegentlich auch ungesüßte Kräuter- oder Früchtetees anbieten.

WIE GUT SIND SÄFTE?
Süße Getränke schaden nicht nur den Zähnen, sie stecken auch voller Kalorien und nehmen dadurch den Appetit auf die gesunden Haupt- und Zwischenmahlzeiten. Und das gilt nicht nur für süßes Teepulver und Limonaden, sondern auch für Obstsäfte. Auch mit Wasser verdünnte Fruchtsäfte sollten Sie Ihrem Baby wegen des Zuckergehalts nicht anbieten.

SOLL MEIN BABY AUS DEM BECHER ODER AUS DER FLASCHE TRINKEN?
Becher sind die bessere Wahl. Fläschchen verführen zum Dauernuckeln, weil Kinder damit nicht nur den Durst stillen, sondern

auch das Nuckeln genießen. Wenn es mit dem Becher gar nicht klappen mag, probieren Sie es mal mit einem Trinklernbecher mit hartem Sauger.

WAS WENN MEIN BABY NICHT TRINKEN WILL?
Bleiben Sie gelassen. Es ist nicht ungewöhnlich, wenn Babys anfangs lange nur wenig trinken. Sie jetzt mit süßen Getränken zu locken ist die falsche Strategie. Ein Tipp, wenn Kinder nicht trinken wollen und Wasser verschmähen: Das Trinken lässt sich trainieren. Am besten bieten Sie immer wieder ein Glas an. Auch wenn es nur ein paar Schlückchen sind, kommt so über den Tag verteilt doch etwas zusammen. Rituale sind besonders beliebt: Führen Sie feste Trinkpausen ein. So gewöhnt sich Ihr Baby rasch ans Trinken.

Tee fürs Baby

SOLLEN BABYS TEE TRINKEN?
Viele Eltern schätzen den wohltuenden Effekt von Tee zum Beispiel bei Bauchweh. Fürs Baby geeignete Teesorten können die Kleinen von Anfang an trinken. Doch notwendig ist das nicht unbedingt. Gerade voll gestillte Säuglinge trinken, auch wenn sie krank sind, am liebsten Muttermilch.

GEGEN DURST LIEBER WASSER ALS TEE
Tee kann Babys Wehwehchen lindern, z. B. wenn es Bauchschmerzen hat. Aber als Durstlöscher ist er weniger geeignet.

FÜR BABYS TEE
sollten Sie beste Qualität wählen. Am besten ist es, in der Apotheke echte Arzneitees zu besorgen. Nur hier ist die Wirkung nachgewiesen und sie werden strenger auf Schadstoffe kontrolliert. Babys über sechs Monaten können Sie den Tee direkt im Becher geben – natürlich auf Trinktemperatur abgekühlt – oder direkt vom Löffel. Das will Ihr Baby alles nicht? Auch den Obst-Getreide-Brei (Seite 51) können Sie mit Tee zubereiten.

BEWÄHRTE SORTEN
Fencheltee ist bei Bauchweh ein guter Krampflöser. Auch Fenchel-Anis-Kümmel-Tee ist für Babys Verdauungsorgane eine Wohltat. Den Tee übergießen Sie einfach mit kochendem Wasser und lassen ihn wie angegeben ziehen. Instant-Tee (den Sie nur ungesüßt kaufen sollten) können Sie auch mit lauwarmem Wasser aufgießen.

NICHT TÄGLICH
Doch auch wenn Ihrem Baby Tee besonders gut schmeckt: Heiltees sind nichts für jeden Tag. Der Körper gewöhnt sich sonst daran und der Tee verliert seine Wirkung.

Die Starter-Breie

Ofen-Kürbis-
Püree,
Seite 33

Gedünstetes Gemüse macht den Anfang

FRISCH UND NATÜRLICH Kochen Sie von Anfang an selbst, dann gewöhnen Sie Ihr Baby gleich an den Geschmack frischer Lebensmittel. Wer selber kocht, weiß auch, was drinsteckt, und meidet überflüssige Zusätze. Bevorzugen Sie möglichst Bio-Lebensmittel, die weniger schädliche Rückstände enthalten. Und durch Vorkochen und Einfrieren lässt sich der Zeitaufwand minimieren.

AM BESTEN VORKOCHEN UND EINFRIEREN Für die winzigen Portionen lohnt es sich, auf Vorrat zu kochen und einzufrieren. Nehmen Sie dazu Eiswürfelbehälter, ein bis zwei Würfel davon entsprechen anfangs etwa einer Portion. Die Mengenangaben für die »Breie auf Vorrat«, die Sie einfrieren können, finden Sie bei den folgenden Starter-Breien immer in Klammern dahinter.

JE EINFACHER, DESTO BESSER Anfangs ist Ihr Baby mit einer einzigen Zutat glücklich. Nach ein paar Tagen können Sie abwechseln. So lernt Ihr Baby neue Sorten kennen und Sie erkennen leicht, welche Sorten es gut und welche es weniger verträgt. Pastinaken, Süßkartoffeln und Kürbis sind wegen ihres süßlichen Aromas perfekt für den Anfang. Möhren wirken manchmal stuhlfestigend. Aber auch ein einfacher Getreidebrei (Seite 38) ist geeignet.

Erster Wurzelgemüse-Brei

Ab dem 5. Monat • Starter-Brei • zum Üben

🍽 1 (10) Portion(en)   🕐 30 Min.

100 g (1 kg) Möhren oder Pastinaken ▸nach Belieben **1 TL (5 EL) Rapsöl**

/// Die Möhren oder Pastinaken schälen, putzen und in dicke Scheiben schneiden. /// Das Gemüse mit etwas Wasser in einen Topf geben und ca. 15 Minuten kochen. /// Das Gemüse abgießen, das Garwasser dabei auffangen. /// Gemüse pürieren, evtl. 1 Teelöffel Rapsöl dazugeben. So viel Garwasser hinzufügen, dass ein cremiger Brei entsteht. Der Brei sollte für die ersten Löffelversuche eher dünnflüssig sein. /// Zum Gleich-Füttern 1 Portion Brei in ein Schälchen füllen und etwas abkühlen lassen. Die übrigen Portionen sofort noch heiß in Einzelportionen einfrieren.

VARIANTE Ob Möhre oder Pastinake – beide sind hervorragend geeignet für Babys erste Löffelversuche. Wenn die ungewohnte feste Kost Babys Verdauung verlangsamt, ist Pastinake für Ihr Baby besser geeignet.

TIPP Hat sich Ihr Baby an die ersten Gemüselöffel gewöhnt, fügen Sie diesem Brei ruhig schon etwas Rapsöl hinzu. Pro 100 g Gemüse nehmen Sie am besten 1 Teelöffel Rapsöl. Es veredelt den Brei mit wertvollen Fetten und fördert die Aufnahme fettlöslicher Vitamine.

Süßkartoffel-Püree

Ab dem 5. Monat • zum Löffelnlernen • mild

🍽 1 (10) Portion(en)   🕐 30 Min.

100 g (1 kg) Süßkartoffeln ▸ 1 TL (5 EL) Rapsöl

/// Die Süßkartoffeln schälen und in Stücke schneiden. /// Die Stücke mit etwas Wasser in einen Topf geben und ca. 15 Minuten kochen, bis sie weich sind. /// Die Süßkartoffeln abgießen, das Garwasser dabei auffangen. /// Das Rapsöl dazugeben und alles pürieren. So viel Garwasser hinzufügen, dass ein cremiger Brei entsteht. Der Brei sollte für die ersten Löffelversuche eher dünnflüssig sein. /// Zum Gleich-Füttern 1 Portion Brei in ein Schälchen füllen und etwas abkühlen lassen. Die übrigen Portionen sofort noch heiß in Einzelportionen einfrieren.

TIPP Süßkartoffeln sind nahrhaft und vitaminreich. Sie liefern ähnlich viel gesundes Beta-Carotin wie Möhren. Je nach Saison gibt es sogar heimische Bataten (wie sie auch genannt werden) aus der Region.

Ofen-Kürbis-Püree

Ab dem 5. Monat • Starter-Brei • besonders aromatisch

🍽 4–6 Portionen   🕐 50 Min.

1 kleiner Hokkaido-Kürbis (ca. 700 g) ▸ ca. 150 ml Wasser ▸ 5 TL Rapsöl

/// Den Backofen auf 180 °C vorheizen. Den Kürbis waschen, halbieren und mit einem Löffel entkernen. /// Den Boden einer ofenfesten Form ca. 1 cm hoch mit Wasser bedecken und die Kürbishälften hineinlegen. Je nach Größe etwa 35 bis 45 Minuten garen, bis der Kürbis schön weich ist. /// Das Gemüse aus dem Ofen nehmen und in ein hohes Gefäß geben. Das Rapsöl und etwas Wasser hinzufügen und alles mit dem Pürierstab zu einem cremigen Brei pürieren. /// Zum Gleich-Füttern 1 Portion in ein Schälchen füllen und etwas abkühlen lassen. Die übrigen Portionen sofort noch heiß in Einzelportionen einfrieren und bei Bedarf auftauen und erwärmen.

TIPP Im Ofen gegart wird der Kürbis besonders aromatisch – und auch das mühsame Schneiden können Sie sich so sparen.

Möhren-Apfel-Püree

Ab dem 5. Monat • für Gemüse-Muffel • stuhlauflockernd

🍽 1 (10) Portion(en)   🕐 30 Min.

1 Möhre (700 g Möhren) ➤¼ Apfel (2 Äpfel) ➤1 TL (5 EL) Rapsöl

/// Möhren schälen, putzen und in Stücke schneiden. Äpfel waschen, entkernen und in Stücke schneiden. /// Die Möhren- und Apfelstücke mit etwas Wasser in einen Topf geben und ca. 15 Minuten kochen. /// Alles abgießen und das Garwasser dabei auffangen. /// Das Rapsöl dazugeben und die Möhren und Apfelstücke pürieren. So viel Garwasser hinzufügen, dass ein cremiger Brei entsteht. Der Brei sollte für die ersten Löffelversuche eher dünnflüssig sein. /// Zum Gleich-Füttern 1 Portion Brei in ein Schälchen füllen und etwas abkühlen lassen. Die übrigen Portionen sofort noch heiß in Einzelportionen einfrieren.

TIPP Ihr Baby reagiert auf Möhrenbrei mit Verstopfung? Dann ist dieser Mix mit Apfel ideal. Möhre mit Apfel schmeckt nicht nur lecker, das im Apfel enthaltene Pektin reguliert auch Babys Verdauung.

Pastinaken-Kartoffel-Brei

Ab dem 5. Monat • für den Übergang • mild

🍽 1 (10) Portion(en)   🕐 30 Min.

1 kleine Kartoffel (500 g Kartoffeln) ➤1 kleine Pastinake (500 g Pastinaken) ➤1 TL (5 EL) Rapsöl

/// Die Kartoffel und die Pastinake schälen und in Stücke schneiden. Kartoffel- und Pastinakenstücke mit etwas Wasser in einen Topf geben und in ca. 15 Minuten weich kochen. /// Das Gemüse abgießen, das Garwasser dabei auffangen. /// Das Rapsöl dazugeben und das Gemüse pürieren. So viel Garwasser hinzufügen, dass ein cremiger Brei entsteht. Der Brei sollte für die ersten Löffelversuche eher dünnflüssig sein. /// Zum Gleich-Füttern 1 Portion Brei in ein Schälchen füllen und etwas abkühlen lassen. Die übrigen Portionen sofort noch heiß in Einzelportionen einfrieren.

Diese Öle veredeln den Brei

Wertvolle Öle liefern wichtige Nährstoffe

Auf dem Weg zum Kleinkind legt Ihr Baby eine rasante Entwicklung hin. Dafür benötigt es zahlreiche Nährstoffe. Einige davon stecken bereits in wenigen Tropfen Öl.

Clevere Ergänzung

Vor allem Rapsöl enthält wichtige Omega-3-Fettsäuren, die für eine gesunde Entwicklung wichtig sind. Die Fette helfen Ihrem Baby auch, die im Gemüse enthaltenen fettlöslichen Vitamine A, D, E und K optimal zu verwerten.

DER ERSTE TROPFEN

Hat sich Ihr Baby an die ersten Löffel Gemüsebrei gewöhnt, geben Sie dem Püree ruhig etwas Öl hinzu. Gesundes Rapsöl liefert wichtige Nährstoffe. Wenn Sie etwas Öl zum Brei dazugeben, wird der Brei dadurch auch sättigender. Später in der Familienküche können Sie weiterhin Rapsöl verwenden. Zum Braten eignet sich jedoch Olivenöl besser als Rapsöl, da es höher erhitzt werden kann.

SO VIEL ÖL BRAUCHT IHR BABY

Omega-3-Fettsäuren sind für den Körper essenziell, das heißt, der Körper kann sie nicht selbst herstellen. Sie sind jedoch lebensnotwendig und helfen, Nervenzellen und Zellwände aufzubauen, und sie fördern Babys gesamte Gehirnentwicklung.

Allein durch Rapsöl lässt sich Babys Bedarf an der Omega-3-Fettsäure DHA jedoch nicht decken. Fettreicher Seefisch wie Lachs liefert besonders viel davon und sollte deshalb ein- bis zweimal pro Woche auf Babys Speiseplan stehen.

Vor allem in den ersten zwei Lebensjahren ist eine gute Versorgung mit der Omega-3-Fettsäure DHA wichtig. DHA unterstützt nicht nur die Entwicklung des Gehirns, sondern auch die Sehkraft. Geben Sie zum selbst gekochten Mittagsbrei deshalb immer einen Esslöffel Rapsöl hinzu – denn Rapsöl enthält besonders viel von diesen Omega-3-Fettsäuren.

FÜR BABYS ENTWICKELT?

Spezielles Beikostöl brauchen Sie nicht zu besorgen. Es bietet Ihrem Baby gegenüber herkömmlichem Rapsöl keine gesundheitlichen Vorteile.

RAFFINIERT ODER KALT GEPRESST?

Der Unterschied liegt in der Herstellung des Öls: Raffinierte Öle werden mithilfe von Hitze und chemischen Lösungsmitteln gewonnen. Kalt gepresste Öle werden dagegen ohne Wärmezufuhr schonend gepresst. Dadurch bleiben mehr Vitamine und wertvolle ungesättigte Fettsäuren enthalten.

Die besten Lebensmittel für den Anfang

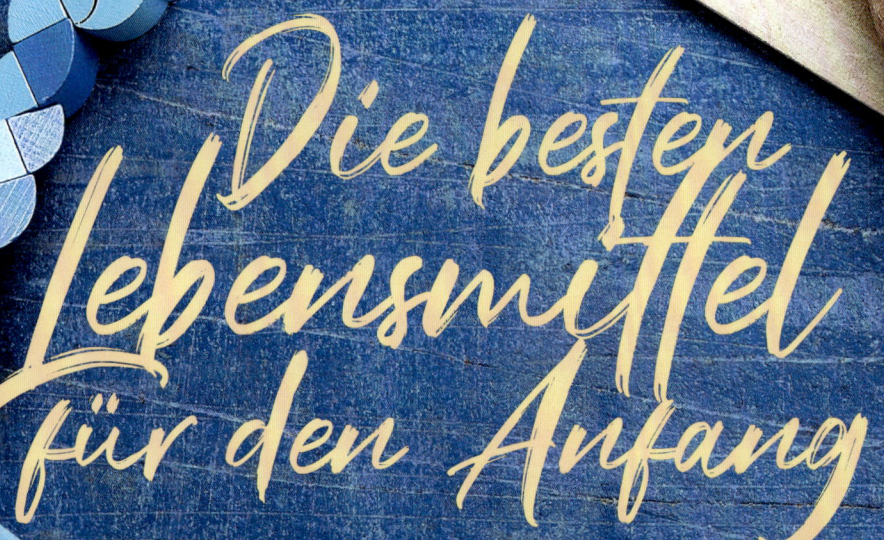

Möhre ist für den Anfang gut, aber auch einige andere Lebensmittel sind ideal für Babys erste Beikost. Zu Beginn ist es am besten, eine einzige Sorte anzubieten; nach einiger Zeit können Sie dann abwechseln.

Dinkel

Angerührt mit Wasser, haben Instant-Dinkelflocken ein süßliches Aroma und sind leicht verdaulich. Werden sie zwischen dem fünften und siebten Lebensmonat gefüttert, kann das in ihnen enthaltene Gluten einer Zöliakie vorbeugen.

Pastinaken

Neuerdings hat die Pastinake der Möhre als erste Babykost den Rang abgelaufen. Weil sie viel Stärke und Nährstoffe enthält, ist sie sehr gesund. Babys lieben ihre leichte Süße, zudem wirken Pastinaken regulierend auf die Verdauung.

Möhren

Wegen ihres süßlichen Geschmacks finden die meisten Babys Möhren als erstes Gemüse großartig. Möhren sind reich an Beta-Carotin, wichtig für gesundes Sehen und eine widerstandsfähige Haut. Zu schälen brauchen Sie Biomöhren nicht.

Süßkartoffeln

Die süße Knolle schmeckt fast jedem Baby: Süßkartoffeln sättigen gut, sie sind leicht verdaulich und reich an Beta-Carotin und Vitamin C. Sie können Süßkartoffeln dünsten und zu Mus pürieren oder im Ofen garen.

Avocado

In Amerika ist Avocado die Nummer eins der ersten Babylebensmittel. Ihr Pluspunkt: Sie ist in rohem Zustand bekömmlich und lässt sich einfach mit der Gabel zerdrücken. Sie liefert reichlich Vitamine und Mineralstoffe sowie gesunde Fette.

Hokkaido-Kürbis

Der orangefarbene Kürbis liefert ähnlich viel Beta-Carotin wie Möhren. Hokkaido-Kürbis müssen Sie auch für die Babyküche vor dem Garen nicht schälen. Anstatt ihn zu dünsten, können Sie ihn auch gut im Ofen (Seite 33) garen.

Kartoffeln

Mehligkochende Sorten eignen sich für die Babyküche am besten. Mit dem Kartoffel-stampfer oder der Gabel lassen sie sich leicht zu Mus drücken. Grünliche Stellen und Keime wegen des giftigen Solanins großzügig wegschneiden.

Äpfel

Gekocht und püriert sind Äpfel besonders bekömmlich für Babys – am besten in Bio-qualität und gerne mit Schale. Äpfel sind reich an Vitamin C und enthalten auch den löslichen Ballaststoff Pektin, der die Verdauung unterstützt.

Allererster Getreidebrei

Ab dem 5. Monat • blitzschnell zubereitet • zum Üben

🔔 1 Person   ⏱ 5 Min.

1 EL Instant-Getreideflocken, z. B. Hafer oder Dinkel

/// Die Getreideflocken in ein Schälchen geben. /// Mit 2 bis 3 Esslöffeln lauwarmem Wasser zu einem dünnflüssigen Brei verrühren. Sofort füttern.

Avocado-Blitzbrei

Ab dem 5. Monat • ratzfatz zubereitet • vitaminreich

🔔 1 Person   ⏱ 5 Min.

½ Avocado

/// Die Avocado halbieren und das Fruchtfleisch herauslöffeln. /// Das Avocado-Fruchtfleisch in ein Schälchen geben und mit einer Gabel fein zerdrücken. Sofort füttern.

Apfel-Birnen-Mark

Ab dem 5. Monat • für den Vorrat • mild

🔔 10 Portionen   ⏱ 30 Min.

1 kg Äpfel und Birnen (je mehr Birnen, desto milder das Mus)

/// Das Obst schälen, entkernen und in Stücke schneiden. /// Mit etwas Wasser in einen Topf geben und 15 Minuten garen. Anschließend mit dem Mixstab fein pürieren. /// Das Obstmark in saubere Schraubgläser füllen. So hält es sich im Kühlschrank 3 bis 4 Tage. Oder das Obstmark in Eiswürfelbehältern einfrieren und bei Bedarf auftauen. Sie können 1 bis 2 Würfel auch direkt im heißen Getreidebrei (Seite 38) auftauen.

TIPP Wählen Sie am besten säurearme Apfelsorten wie Golden Delicious, Pinova, Fuji oder Jonagold.

Gemüsebrei
mit Fleisch

Ab dem 5. Monat • Grundrezept erster Mittagsbrei • eisenreich

🍴 1 (4) Portion(en)   🕐 30 Min.

100 g (400 g) Möhren, Pastinaken oder Kürbis ➤**50 g (200 g) Kartoffeln** ➤**30 g (120 g) Rindertatar oder mageres, klein gewürfeltes Fleisch (Rind, Geflügel oder Lamm)** ➤**1,5 EL (6 EL) Orangen- oder Apfelsaft** ➤**1 EL (4 EL) Rapsöl**

/// Die Möhren putzen, die Kartoffeln schälen. Beides in Stücke schneiden. /// Die Stücke mit dem Tatar in einen Topf mit wenig Wasser geben und 15 Minuten garen. /// Alles abgießen, das Garwasser dabei auffangen. /// Den Obstsaft und das Rapsöl dazugeben und alles pürieren. So viel Garwasser hinzufügen, dass ein cremiger Brei entsteht. /// Zum Gleich-Füttern 1 Portion Brei in ein Schälchen füllen und etwas abkühlen lassen. Die übrigen Portionen sofort noch heiß in Einzelportionen einfrieren.

VARIANTE Für Geschmacksvielfalt sorgen auch Gemüsesorten wie Kohlrabi, Zucchini oder Fenchel.

TIPP Sie möchten Brei auf Vorrat kochen? Dann kochen Sie z.B. 4 Portionen vor. 1 Portion füttern Sie sofort, eine weitere Portion heben Sie für den nächsten Tag im Kühlschrank auf und 2 Portionen frieren Sie ein.

Der Mittagsbrei: Gemüse-Kartoffel-Brei

EINE BUNTE VIELFALT, FIX ZUBEREITET Gemüse und Kartoffeln schneiden, dünsten und pürieren – und dann ab auf den Löffel damit! Fisch sorgt für gesunde Fette, Fleisch oder Getreideflocken liefern Eisen.

DIE FLEISCHHALTIGE VARIANTE Anfangs gibt es nur Gemüsemus. Wenn Ihr Baby sich daran gewöhnt hat, kommen Kartoffeln und Fleisch dazu. Geflügel, Rind und Kalb sind eine gute Eisenquelle für Ihr Baby.

DIE VEGGIE-VARIANTE Es geht auch ohne Fleisch, wenn Fleisch durch andere Eisenlieferanten ersetzt wird. Geben Sie dem Gemüse-Kartoffel-Brei deshalb Hafer- oder Hirseflocken und etwas Orangen- oder Apfeldirektsaft zu. Das Vitamin C im Saft verbessert die Verfügbarkeit des Eisens aus dem Getreide. Wenn Sie noch stillen, sollten auch Sie selbst auf eine eisenreiche Ernährung achten.

DIE VARIANTE MIT FISCH Ein- bis zweimal in der Woche können Sie das Fleisch im Brei durch Fisch ersetzen. Wie Fleisch auch wird er einfach mit dem Gemüse und den Kartoffeln mitgedünstet. Fettreicher Seefisch wie Lachs ist am besten geeignet, weil er gesunde Fette und wichtiges Jod liefert.

Babys Lieblingsmenü

Ab dem 5. Monat • Mittagsbrei für den Vorrat • eisenreich

 10 Portionen   ⏱ 40 Min.

300 g mageres Fleisch (z.B. Huhn oder Rind) ➤**500 g Kartoffeln** ➤**1 kg Gemüse, z.B. Möhren, Pastinaken oder Kürbis** ➤**150 ml Orangen- oder Apfelsaft** ➤**10 EL Rapsöl**

/// Das Fleisch klein würfeln. Die Kartoffeln und das Gemüse schälen und klein schneiden. /// Alles in einem Topf in wenig Wasser 20 Minuten garen. /// Fleisch, Kartoffeln und Gemüse mit wenig Garwasser, Obstsaft und Rapsöl pürieren. Wenn der Brei zu fest ist, noch etwas Wasser hinzufügen. /// Den Brei portionsweise sofort noch heiß in Einzelportionen einfrieren.

VARIANTE MIT FISCH
Ein- bis zweimal in der Woche sollte Fisch das Fleisch ersetzen. Schneiden Sie z.B. Lachs in Würfel. Die Würfel können Sie 10 Minuten, bevor das Gemüse gar ist, mit in den Topf geben.

TIPP Je nach Saison eignen sich statt Möhren auch andere Gemüsesorten: Kürbis ist ähnlich reich an Beta-Carotin und reguliert die Verdauung. Auch Pastinaken regen durch das enthaltene Inulin die Verdauung an. Brokkoli ist vitaminreich und für Babys Bäuchlein die mildeste aller Kohlsorten. Ebenfalls empfehlenswert: Kohlrabi, Blumenkohl, Zucchini und Steckrübe.

Hähnchenbrei
für den Vorrat

Eisenreiche Ergänzung • zum Selberkombinieren

 10 Portionen   ⏱ 30 Min.

300 g Bio-Hähnchenbrust (oder Putenbrust)

/// Das Hähnchenbrustfilet grob würfeln. Mit 200 ml Wasser in einen Topf geben und etwa 15 Minuten köcheln lassen, bis es nicht mehr rosa ist. /// Das Hähnchen abgießen und fein pürieren, dabei evtl. etwas Garwasser hinzufügen. In Eiswürfelbehälter füllen und einfrieren.

TIPP Statt Geflügel können Sie auch vom Metzger frisch durchgedrehtes mageres Fleisch wie Rindertatar verwenden. Das lässt sich nach dem Garen besonders leicht verarbeiten und pürieren. Wenn Sie für sich oder die Familie z.B. Kartoffeln und Gemüse gekocht haben, pürieren oder zermusen Sie 1 Portion davon für Ihr Baby mit der Gabel. Geben Sie pro Mahlzeit 1 bis 2 Würfel Fleischbrei sowie 1 Esslöffel Saft und Rapsöl hinzu – und die Mahlzeit ist komplett.

Kohlrabibrei

Ab dem 5. Monat • mittags • reich an Eisen

4 Portionen   30 Min.

400 g Kohlrabi mit Grün ›**200 g Kartof-feln** ›**120 g Putenbrust** ›**4 EL Orangen- oder Apfelsaft** ›**4 EL Rapsöl**

///Kohlrabi schälen und putzen, die Kartoffeln schälen. Beides in Stücke schneiden. Die Kohl-rabiblätter waschen und ebenfalls klein schnei-den. ///Das Putenbrustfilet klein würfeln. Mit dem Kohlrabi, Kohlrabigrün und den Kartoffeln in wenig Wasser in einen Topf geben und alles 15 Minuten garen. ///Alles abgießen und das Garwasser dabei auffangen. ///Den Obstsaft und das Rapsöl dazugeben und alles pürieren. So viel Garwasser zufügen, dass ein cremiger Brei entsteht. ///Zum Gleich-Füttern 1 Portion Brei in ein Schälchen füllen und etwas abküh-len lassen. Die übrigen Portionen sofort noch heiß in Einzelportionen einfrieren.

Brokkolibrei

Ab dem 5. Monat • mittags • vitaminreich

4 Portionen   30 Min.

130 g Hähnchenbrust ›**5 EL Rapsöl** ›**400 g Brokkoli** ›**200 g Kartoffeln** ›**4 EL Apfel-direktsaft**

///Die Hähnchenbrust in Streifen schneiden. Mit dem Rapsöl in einem Topf 1 bis 2 Minuten rundherum andünsten, ohne dass das Fleisch braun wird. ///Den Brokkoli waschen. Die Rös-chen grob zerteilen und den Strunk würfeln. Die Kartoffeln schälen und klein schneiden. /// Den Brokkolistrunk, die Kartoffeln und 200 ml Wasser zum Fleisch in den Topf geben. Zuge-deckt 10 Minuten garen. Die Brokkoliröschen dazugeben und alles weitere 8 Minuten weich dünsten. ///Den Apfelsaft in den Topf geben und alles zu einem cremigen Brei pürieren. Wenn der Brei zu fest ist, noch etwas Apfelsaft oder Wasser hinzufügen. ///Zum Gleich-Füt-tern 1 Portion Brei in ein Schälchen füllen und etwas abkühlen lassen. Die übrigen Portionen sofort noch heiß in Einzelportionen einfrieren.

1 Veggie-Brei, 4 Varianten

In diesen Breien steckt alles drin, was Veggie-Babys brauchen.

Veggie-Brei

Ab dem 5. Monat • mit pflanzlichem Eisen

🔔 1 (4) Portion(en)

⏱ 30 Min.

- 100 g (400 g) Gemüse
- 1 (4) kleine Kartoffel(n) à ca. 50 g
- 1 (4) EL Hafer- oder Hirseflocken à 10 g
- 3 EL (120 ml) Orangen- oder Apfelsaft
- 1 (4) EL Rapsöl

/// Das Gemüse putzen, die Kartoffeln schälen. Beides in Stücke schneiden. /// Die Stücke mit 150 ml Wasser in einen Topf geben und 10 Minuten garen. /// Die Haferflocken einstreuen und den Brei unter Rühren weitere 3 bis 5 Minuten kochen, bis das Gemüse weich ist. /// Den Topf vom Herd nehmen. Den Obstsaft und das Rapsöl hinzufügen und alles pürieren. /// Den Veggie-Brei in ein Schälchen füllen und vor dem Füttern etwas abkühlen lassen.

Variante 1
Hafer-Kürbis-Brei

/// 100 g Hokkaido-Kürbis klein schneiden. 1 kleine Kartoffel schälen und ebenfalls klein schneiden. /// In 150 ml Wasser 10 Minuten garen. /// 1 Esslöffel Haferflocken einstreuen. Unter Rühren 3 Minuten weiter kochen. /// Topf vom Herd nehmen. 3 Esslöffel Orangensaft und 1 Esslöffel Rapsöl einrühren und pürieren.

Variante 2
Hirse-Apfel-Brei

/// 100 g Pastinake und 1 kleine Kartoffel schälen und klein schneiden. /// In 150 ml Wasser 10 Minuten garen. /// 1 Esslöffel Hirseflocken einstreuen. Unter Rühren 3 Minuten weiter kochen. Topf vom Herd nehmen. /// 3 Esslöffel Apfelsaft und 1 Esslöffel Rapsöl einrühren und alles pürieren.

Variante 3
Topinamburbrei mit Sesam

/// 100 g Topinambur und 1 kleine Kartoffel schälen und klein schneiden. /// In 150 ml Wasser 10 Minuten garen. /// 1 Esslöffel Haferflocken einstreuen. Unter Rühren 3 Minuten weiter kochen. Topf vom Herd nehmen. /// 3 Esslöffel Orangensaft, 1 Esslöffel Rapsöl sowie 1 Teelöffel Tahin (Sesammus) einrühren und pürieren.

Variante 4
Quinoa-Brei

/// 100 g Brokkoli und 1 kleine Kartoffel schälen und klein schneiden. /// In 150 ml Wasser 10 Minuten garen. /// 1 EL Quinoa-Flocken einstreuen. Unter Rühren 3 Minuten weiter kochen. Topf vom Herd nehmen. /// 3 Esslöffel Orangensaft und 1 Esslöffel Rapsöl einrühren und alles pürieren.

Gemüsebrei
mit Lachs

Ab dem 5. Monat • mittags • Omega-3-Fettsäuren

🍽 1 (4) Portion(en)   🕐 30 Min.

100 g (400 g) Brokkoli ➤**50 g (200 g) Kartoffeln** ➤**30 g (120 g) Lachsfilet** ➤**1,5 EL (6 EL) Orangen- oder Apfelsaft** ➤**1 EL (4 EL) Rapsöl**

/// Den Brokkoli putzen, die Röschen zerteilen und den Strunk klein würfeln. Die Kartoffeln schälen und in Stücke schneiden. /// Die Kartoffeln und den gewürfelten Brokkolistiel in wenig Wasser in einen Topf geben und 10 Minuten garen. /// Das Lachsfilet von Gräten befreien, klein schneiden und mit den Brokkoliröschen zum Gemüse in den Topf geben. Alles weitere 5 Minuten garen.
Alles abgießen, das Garwasser dabei auffangen. /// Obstsaft und Rapsöl hinzufügen und alles pürieren. So viel Garwasser zufügen, dass ein cremiger Brei entsteht. /// Zum Gleich-Füttern 1 Portion Brei in ein Schälchen füllen und etwas abkühlen lassen. Die übrigen Portionen sofort noch heiß in Einzelportionen einfrieren.

TIPP Für Babys Versorgung ist es optimal, wenn es ein- bis zweimal in der Woche Fisch bekommt. Das gilt auch für Babys, die ansonsten vegetarisch essen. Fisch liefert Ihrem Kind nicht nur für seine Entwicklung förderliche Omega-3-Fettsäuren, sondern auch Vitamin D und Jod.

Spinatnudeln
mit Fisch

Ab dem 6. Monat • mittags • gesunde Omega-3-Fettsäuren

🍽 4 Portionen   🕐 30 Min.

100 g Vollkornnudeln ➤**120 g Seelachs** ➤**4 EL Rapsöl** ➤**400 g TK-Blattspinat, aufgetaut** ➤**4 EL Apfeldirektsaft**

/// Die Nudeln nach Packungsanweisung ohne Salz weich kochen. Den Seelachs auf Gräten untersuchen und grob würfeln. /// Die Fischwürfel in einer Pfanne im heißen Rapsöl 3 bis 4 Minuten rundherum dünsten, ohne dass sie braun werden. Den Spinat und 100 ml Wasser mit in die Pfanne geben und alles weitere 10 Minuten dünsten. /// Die Nudeln abgießen. Mit Fisch, Spinat und Apfelsaft zu einem cremigen Brei pürieren. Wenn der Brei zu fest ist, noch etwas Apfelsaft oder Wasser dazugeben. /// Zum Gleich-Füttern 1 Portion Brei in ein Schälchen füllen und etwas abkühlen lassen. Die übrigen Portionen sofort noch heiß portionsweise einfrieren.

Wurzelgemüse
mit Lachs

Ab dem 5. Monat • mittags • gesunde Fette

🍽 4 Portionen   ⏱ 30 Min.

200 g Süßkartoffeln ➤200 g Möhren ➤200 g Pastinaken ➤120 g Lachsfilet ➤5 EL Rapsöl ➤4 EL Apfelsaft

/// Die Süßkartoffeln, Möhren und Pastinaken schälen und in Stücke schneiden. Mit wenig Wasser in einen Topf geben und 10 Minuten kochen. /// In der Zwischenzeit den Lachs würfeln. Zum Gemüse in den Topf geben und alles weitere 5 Minuten garen. /// Das Gemüse und den Fisch mit wenig Garwasser, dem Rapsöl und dem Apfelsaft zu einem cremigen Brei pürieren oder mit dem Kartoffelstampfer zu Mus drücken. Wenn der Brei zu fest ist, noch etwas Apfelsaft oder Wasser hinzufügen. /// Zum Gleich-Füttern 1 Portion Brei in ein Schälchen füllen und etwas abkühlen lassen. Die übrigen Portionen sofort noch heiß portionsweise einfrieren.

TIPP Lachs, Seelachs und Co. werden nach dem Kochen schön weich und zart. Breie mit Fisch können Sie daher auch wunderbar mit dem Kartoffelstampfer zerdrücken

Zucchini-Kartoffelpüree
mit Seelachs

Ab dem 5. Monat • mittags • gesunde Fette

🍽 4 Portionen   ⏱ 30 Min.

200 g Kartoffeln ➤120 g Seelachs ➤400 g Zucchini ➤1 kleiner Apfel ➤5 EL Rapsöl

/// Die Kartoffeln schälen und in Stücke schneiden. Die Kartoffelstücke mit 200 ml Wasser in einen Topf geben und 10 Minuten garen. /// Den Seelachs würfeln. Die Zucchini waschen, putzen und in dicke Scheiben schneiden. Den Apfel vierteln, entkernen und in Stücke schneiden. Alles zu den Kartoffeln in den Topf geben und zusammen weitere 5 Minuten garen. /// Das Rapsöl hinzufügen und alles zu einem cremigen Brei pürieren oder mit dem Kartoffelstampfer zu Mus zerdrücken. Wenn der Brei zu fest ist, noch etwas Wasser dazugeben. /// Zum Gleich-Füttern 1 Portion Brei in ein Schälchen füllen und etwas abkühlen lassen. Die übrigen Portionen sofort noch heiß portionsweise einfrieren.

Am liebsten abends: Der Vollmilch-Getreide-Brei

WARUM AM ABEND? Der Milch-Getreide-Brei sättigt gut, so dass Ihr Baby nachts nicht so schnell Hunger bekommt, und versorgt Ihr Baby mit wichtigen Eiweißen und Mineralstoffen.

VOLLMILCH FÜRS BABY? 200 ml Kuhmilch verträgt Ihr Baby ab dem 6. Monat. Das ist die Menge, die im Vollmilch-Getreide-Brei enthalten ist. Nehmen Sie am besten Vollmilch (3,5 Prozent Fett).

WELCHES GETREIDE? Vollkorngetreide ist wichtig für Ihr Baby, denn es sättigt gut und enthält mehr Vitamine, Mineralstoffe und Ballaststoffe als Weißmehl. Verwenden Sie anfangs Instant-Flocken, die sich leicht auflösen. Auch Grieß ist geeignet. Später können Sie Weichblattflocken verwenden.

LIEBER GLUTENFREI? Besonders wertvoll für Ihr Baby sind Hafer-, Hirse- und Dinkelflocken, weil sie nährstoffreich sind. Reisflocken sind glutenfrei, aber etwas ärmer an Nährstoffen. Gluten ist ein Eiweiß in Getreide wie Weizen und Dinkel, das man bei nachgewiesener Zöliakie meiden muss. Vorbeugen können Sie, wenn Sie Ihrem Baby zwischen dem 5. und 7. Monat etwas glutenhaltiges Getreide füttern. Dinkel ist zwar mit Weizen verwandt, wird aber von vielen besser vertragen.

Apfel-Hafer-Brei

Ab dem 6. Monat • abends • kalziumreich

🍽 1 Portionen   ⏱ 5 Min.

200 ml Vollmilch ›**3–4 EL Instant-Haferflocken (20 g)** ›**2 EL Apfeldirektsaft oder fein geriebener frischer Apfel**

/// Die Milch in einen Topf geben und die Haferflocken einrühren. /// Aufkochen lassen und ca. 3 Minuten unter Rühren köcheln lassen. /// Den Topf von der Herdplatte nehmen. Den Apfelsaft (oder den fein geriebenen Apfel) unterrühren. /// Kurz abkühlen lassen – und fertig!

VARIANTE Für den Einstieg sind spezielle Instant-Flocken oder feiner Grieß ideal, später können Sie auch Vollkornflocken verwenden.

TIPP Wenn Ihr Baby anfangs noch kleine Mengen isst, starten Sie erst mal mit der Hälfte der Menge.

Blaubeer-Hirse-Brei

Ab dem 6. Monat • abends • glutenfrei

🍽 1 Portion   ⏲ 10 Min.

3 bis 4 EL Instant-Hirseflocken ➤**200 ml Vollmilch** ➤**2 EL TK-Blaubeeren** ➤**1 TL Mandelmus**

/// Die Hirseflocken mit der Milch in einen Topf geben und verrühren. /// Aufkochen lassen und 3 Minuten unter Rühren weiterköcheln lassen. /// Den Topf vom Herd nehmen. Die Blaubeeren unaufgetaut hinzufügen, unterrühren und warten, bis die Beeren durch den heißen Hirsebrei aufgetaut sind. /// Das Mandelmus dazugeben und unter den Brei rühren.

VARIANTE Statt Blaubeeren sind auch alle anderen Beeren oder weiche Obstsorten wie Mango oder Pfirsich geeignet (frisch oder TK). Und auch fein geraspelte Möhre schmeckt lecker in diesem Brei!

TIPP Mit Hirseflocken ist dieser Brei glutenfrei, also auch für Babys mit Zöliakie geeignet.

Dinkel-Banane-Brei

Abends • süßer Geschmack

🍽 1 Portion   ⏲ 10 Min.

20 g Dinkelvollkorngrieß ➤**200 Vollmilch** ➤**⅓ Banane**

/// Grieß und Milch in einen Topf geben und verrühren. /// Aufkochen lassen und unter Rühren 3 Minuten köcheln lassen. /// Den Grieß von der Herdplatte nehmen. Die Banane fein zerdrücken und unter den Grieß rühren. /// Kurz abkühlen lassen – und fertig!

Apfel-Grießbrei

Ab dem 6. Monat • abends • vitaminreich

🍽 1 Portion   ⏲ 10 Min.

200 ml Bio-Vollmilch ➤**20 g Vollkorngrieß** ➤**½ Apfel**

/// Die Milch mit dem Grieß in einen Topf geben. Aufkochen lassen und unter Rühren 3 Minuten weiterköcheln lassen. /// Den Apfel entkernen und mit Schale sehr fein raspeln. Die Apfelraspel unter den Grieß rühren.

Erdbeer-Milchreis

Ab dem 6. Monat • abends • glutenfrei

🍽 1 Portion   🕐 10 Min.

4 EL Instant-Reisflocken ➤ **200 ml Vollmilch** ➤ **50 g Erdbeeren (frisch oder aufgetaute TK-Beeren)**

/// Die Reisflocken mit der Milch in einen Topf geben und verrühren. /// Aufkochen lassen und unter Rühren 3 Minuten weiterköcheln lassen. /// Den Topf vom Herd nehmen. Die Erdbeeren pürieren oder mit einer Gabel fein zerdrücken und unter den Milchreis rühren. /// Kurz abkühlen lassen – und fertig!

TIPP Statt Erdbeeren können Sie auch andere säurearme und weiche Obstsorten verwenden, z. B. Mango, Blaubeeren oder Pfirsich.

Blaubeer-Apfelmus auf Vorrat

Mild • tut dem Darm gut

🍽 5 Portionen   🕐 20 Min.

3 Äpfel ▸**200 g Blaubeeren**

/// Die Äpfel waschen und vierteln. Das Kerngehäuse herausschneiden und die Äpfel klein schneiden. /// Die Blaubeeren waschen. /// Äpfel und Blaubeeren mit 50 ml Wasser in einen Topf geben. Zugedeckt 7 bis 10 Minuten garen, bis die Apfelstücke weich sind. /// Den Topf vom Herd nehmen. Den Apfel-Blaubeer-Mix pürieren. In saubere Schraubgläser füllen. So hält sich das Blaubeer-Apfelmus im Kühlschrank 3 bis 4 Tage. Oder das Mus in Eiswürfelbehälter einfrieren und die gefrorenen Würfel direkt im heißen Getreidebrei auftauen lassen.

Apfel-Kürbis-Mus

Ab dem 6. Monat • für den Vorrat • für Gemüsemuffel

🍽 5 Portionen   🕐 10 Min.

3 Äpfel ▸**200 g Hokkaido-Kürbis**

/// Die Äpfel schälen, vierteln und das Kerngehäuse herausschneiden. Die Apfelviertel und den Hokkaido-Kürbis in Stücke schneiden. /// Die Apfel- und Hokkaido-Stücke in einem Topf mit wenig Wasser in 15 Minuten weich kochen. /// Apfel und Kürbis in wenig Garwasser pürieren. /// In 100-g-Portionen einfrieren. Nach Bedarf auftauen und für den Nachmittagsbrei verwenden.

TIPP Ihr Baby isst nicht so gerne Gemüse? Dann probieren Sie es doch mal mit diesem natursüßen Apfelmus. Er enthält viel nährstoffreichen Kürbis und eignet sich sowohl für den Vollmilch-Getreide-Brei als auch für den Obst-Getreide-Brei.

Nachmittags:
Der Obst-Getreide-Brei

OBST ZUM LÖFFELN Der einfachste unter Babys Breien wird ganz unkompliziert aus Obst, Getreide, Wasser und einem Löffel Rapsöl angerührt. Obst ist zwar gesund, aber wenig sättigend. Erst durch den Mix mit Vollkornflocken und Öl erhält Ihr Baby die Energie und Nährstoffe, die es zum Wachsen braucht.

WASSER STATT MILCH Dieser Brei ist milchfrei, denn so kann der Körper das Eisen aus dem Getreide besser verwerten. Seine Portion Milch bekommt Ihr Baby bereits über den Vollmilch-Getreide-Brei. Wenn Sie mit dem Vollmilch-Getreide-Brei noch etwas warten möchten, können Sie den Obst-Getreide-Brei auch zuerst einführen.

ROH ODER GEKOCHT? Das Obst für diesen Brei brauchen Sie nicht unbedingt zu erhitzen. Ihr Baby verträgt von Beikostbeginn an fein geriebenes oder püriertes Obst. Nehmen Sie am besten frisches Obst der Saison in Bioqualität. Besonders gut verträglich sind z. B. Apfel, Birne, Pfirsich, Mango und Blaubeeren. Besser nicht schälen, denn unter der Schale stecken die meisten Vitamine und sekundären Pflanzenstoffe.

Bananen-Zwieback-Brei

Ab dem 7. Monat • nachmittags • mild

🍽 1 Portion   🕐 10 Min.

2 Scheiben Vollkornzwieback ohne Zucker ➤**75-100 ml Wasser** ➤**1 kleine Banane** ➤**1 TL Rapsöl**

/// Den Zwieback grob zerbröseln und in eine Schüssel geben. /// Das Wasser erwärmen und über den Zwieback geben. Den Zwieback kurz quellen lassen und mit einer Gabel zu Mus zerdrücken. /// Die Banane schälen und ebenfalls zu feinem Mus zerdrücken. /// Das Bananenmus zum Zwiebackbrei geben. Das Rapsöl hinzufügen und alles verrühren.

Birne-Getreide-Brei

Ab dem 6. Monat • nachmittags • säurearm

🍽 1 Portion   🕐 10 Min.

100 ml Wasser ▸2 EL zarte Haferflocken ▸1 kleine, weiche Birne ▸1 TL Rapsöl

/// Das Wasser mit den Haferflocken in einen Topf geben. /// Aufkochen lassen und unter Rühren 3 Minuten weiterkochen lassen. /// Die Birne schälen, vierteln und das Kerngehäuse herausschneiden. /// Die Birnenstücke pürieren oder auf einer Reibe sehr fein reiben. /// Die pürierte bzw. fein geriebene Birne zum Brei geben. Das Rapsöl hinzufügen und alles verrühren.

TIPP Birne ist besonders mild, ideal für Babys, die schnell wund werden.

Rohes Obstmus

Ab dem 6. Monat • ohne Kochen • vitamin-reich

🍽 5 Portionen   🕐 10 Min.

500 g Mango, Erdbeeren, Blaubeeren, Pfirsiche oder Nektarinen (falls nötig, geschält und in Stücke geschnitten)

/// Das Obst in ein hohes Gefäß geben und pürieren. /// In 100-g-Portionen einfrieren. Nach Bedarf auftauen und für den Nachmittagsbrei verwenden.

Milder Erdbeermix

Ab dem 6. Monat • roher Obstmix • für den Nachmittagsbrei

🍽 5 Portionen   🕐 15 Min.

500 g Erdbeeren ▸1 Banane

/// Die Erdbeeren waschen und vom Stielansatz befreien. /// Die Banane schälen und in Stücke brechen. Bananenstücke und Erdbeeren in ein hohes Gefäß geben und pürieren. /// In 100-g-Portionen einfrieren. Nach Bedarf auftauen und für den Nachmittagsbrei verwenden.

Mehr Vielfalt

Leckerer Lachs,
Seite 61

53

Süßkartoffeln
mit Erbsen

Ab dem 8. Monat • mittags • für Veggie-Babys

🍽 4 Portionen   🕐 40 Min.

1 Süßkartoffel (ca. 350 g) ➤**250 g TK-Erbsen** ➤**4 EL zarte Haferflocken** ➤**½ Orange (oder 6 EL Orangensaft)** ➤**4 EL Rapsöl**

///Die Süßkartoffel schälen und in Stücke schneiden. In einem Topf in wenig Wasser 15 Minuten weich kochen. ///Nach 10 Minuten die tiefgekühlten Erbsen und die Haferflocken dazugeben. ///In der Zwischenzeit die Orange auspressen. ///Mit einem Kartoffelstampfer die Süßkartoffeln, Erbsen und Haferflocken in wenig Garwasser, Orangensaft und Rapsöl zu einem stückigen Brei stampfen. ///1 Babyportion zum Gleich-Füttern in ein Schälchen geben. Die übrigen Portionen einfrieren.

TIPP Das Eisen aus den Haferflocken im Mix mit dem Vitamin C aus dem Orangensaft kann Babys Körper besonders gut verwerten. Die Süßkartoffeln liefern reichlich Beta-Carotin, die Erbsen gesundes pflanzliches Eiweiß.

Kohlrabi-
Möhren-Gemüse

Ab dem 8. Monat • mittags • mit pflanzlichem Eisen

🍽 4 Portionen   🕐 15 Min.

200 g Möhren ➤**200 g Kohlrabi** ➤**4 kleine Kartoffeln (200 g)** ➤**4 EL zarte Haferflocken** ➤**6 EL Orangensaft** ➤**4 EL Rapsöl**

///Möhren, Kohlrabi und Kartoffeln schälen und in Stücke schneiden. In einem Topf in wenig Wasser 15 Minuten weich kochen. ///Die jungen Kohlrabiblätter fein hacken. ///Das Gemüse mit einem Kartoffelstampfer in wenig Garwasser mit Haferflocken, Orangensaft und Rapsöl zu einem stückigen Brei stampfen. ///Das Kohlrabigrün darübergeben. ///1 Babyportion zum Gleich-Füttern in ein Schälchen geben. Die übrigen Portionen einfrieren.

Nudeln mit
Möhrensoße

Ab dem 8. Monat • mittags • für Kau-Anfänger

🍽 4 Portionen 🕐 30 Min.

400 g Möhren ▸**100 g Sternchennudeln (am besten Vollkorn)** ▸**4 EL Rapsöl** ▸**4 EL Orangensaft** ▸**1 Prise Zimt** ▸**2 EL gehackte Petersilie**

/// Die Möhren schälen und in Stücke schneiden. In einem Topf in wenig Wasser 15 Minuten weich kochen. /// In der Zwischenzeit die Nudeln nach Packungsanweisung kochen. /// Die Möhren in wenig Garwasser mit Rapsöl und Orangensaft zu einer feinen Soße pürieren. Mit einer Prise Zimt und der gehackten Petersilie würzen. /// Die Nudeln abgießen und mit Soße servieren. /// 1 Babyportion zum Gleich-Füttern in ein Schälchen geben. Die übrigen Portionen einfrieren.

Nudel-
Risotto

Ab dem 9. Monat • schmeckt auch kalt • für unterwegs

🍽 4 Portionen 🕐 15 Min.

100 g kleine Vollkornnudeln, z.B. Sternchen- oder Buchstabennudeln ▸**1 Möhre** ▸**1 kleine Zucchini** ▸**3 EL fein geriebener Gouda** ▸**2 EL Apfelsaft** ▸**4 EL Rapsöl**

Die Nudeln in einem Topf in kochendem Salzwasser garen. In der Zwischenzeit die Möhre putzen. Möhre und Zucchini sehr fein raspeln. Die abgegossenen Nudeln mit sämtlichen Zutaten vermengen. /// Die übrigen Portionen bleiben im Kühlschrank 2 Tage frisch. Oder Sie essen gemeinsam mit Ihrem Baby: Die angegebene Menge reicht für 1 Erwachsenen und 1 Kind.

Fenchel-Kartoffel-Stampf

*Ab dem 8. Monat • mittags •
bei Bauchweh*

🍽 4 Portionen   ⏰ 25 Min.

**1 Möhre ›4 kleine Kartoffeln (200 g)
›1 mittelgroße Fenchelknolle ›4 EL zarte
Haferflocken ›4 EL Rapsöl ›6 EL Orangensaft**

/// Die Möhre und die Kartoffeln schälen und
in Stücke schneiden. Den Fenchel ebenfalls in
Stücke schneiden. /// Möhren, Kartoffeln und
Fenchel mit wenig Wasser in einen Topf geben
und in 15 Minuten weich kochen. /// Das
Fenchelgrün fein hacken. /// Das Gemüse mit
einem Kartoffelstampfer in wenig Garwasser
zusammen mit den Haferflocken, dem Orangensaft und Rapsöl zu einem stückigen Brei
stampfen. Das Fenchelgrün darübergeben. ///
1 Babyportion zum Gleich-Füttern in ein Schälchen geben. Die übrigen Portionen einfrieren.

Kartoffelstampf mit Erbsen

*Ab dem 8. Monat • mittags • mit pflanz-
lichem Eisen*

🍽 1 Portion   ⏰ 30 Min.

**2 kleine Kartoffeln ›4 EL TK-Erbsen
›10 g Haferflocken ›1 EL Rapsöl ›1,5 EL
Orangensaft**

/// Die Kartoffeln schälen und klein schneiden,
in wenig Wasser 15 Minuten kochen. Nach
10 Minuten die tiefgekühlten Erbsen dazugeben. /// Kartoffeln und Erbsen in wenig
Garwasser mit einem Kartoffelstampfer zu Mus
zerdrücken. Haferflocken, Rapsöl und Orangensaft unterrühren.

TIPP Kartoffelbrei schmeckt frisch am besten
und kann nicht eingefroren werden. Diese
vegetarische Variante ist dank der Haferflocken
besonders reich an Eisen.

Bulgur mit *Hähnchen*

Ab dem 8. Monat • schmeckt auch kalt • für unterwegs

🍽 4 Portionen   🕐 20 Min.

100 g Bulgur >**100 g gekochtes Hähnchenbrustfilet** >**1 Möhre** >**1 kleine Dose (140 g) Mais** >**4 EL Erbsen** >**3 EL Apfeldirektsaft** >**4 EL Rapsöl**

/// Den Bulgur nach Packungsanweisung in der doppelten Menge Wasser aufkochen und 15 Minuten quellen lassen. /// In der Zwischenzeit das Hähnchenbrustfilet sehr klein würfeln. Die Möhre schälen und sehr fein raspeln. Mais und Erbsen leicht mit einer Gabel zerdrücken, damit Ihr Baby sich nicht daran verschlucken kann. /// Den Bulgur mit dem Hähnchenbrustfilet, dem Gemüse, dem Apfelsaft und dem Rapsöl vermengen. /// Die übrigen Portionen bleiben im Kühlschrank 2 Tage frisch – oder Sie essen gemeinsam mit Ihrem Baby: Die angegebene Menge reicht für 1 Erwachsenen und 1 Kind.

VARIANTE Verwenden Sie statt des Hähnchenbrustfilets klein gewürfeltes, gegartes Lachsfilet.

Kartoffelgemüse mit Huhn

Ab dem 9. Monat • mittags • zum Kauen-Üben

🍽 4 Portionen   ⏱ 20 Min.

250 g Kohlrabi ➤**4 kleine Kartoffeln (200 g)** ➤**150 g Zucchini** ➤**120 g Hähnchenbrust** ➤**4 EL Rapsöl** ➤**4 EL Orangensaft oder Apfeldirektsaft**

/// Den Kohlrabi und die Kartoffeln schälen und in Stücke schneiden. In einem Topf in wenig Wasser 15 Minuten weich kochen. /// In der Zwischenzeit die Zucchini putzen und in dicke Scheiben schneiden. Nach 10 Minuten zum Gemüse in den Topf geben. /// Die Hähnchenbrust sehr klein würfeln. In einer Pfanne im heißen Rapsöl 5 Minuten andünsten, ohne dass das Fleisch braun wird. /// Das Gemüse mit einem Kartoffelstampfer in wenig Garwasser und dem Orangensaft zu einem stückigen Brei stampfen. Das Hähnchenfleisch darübergeben. /// 1 Babyportion zum Gleich-Füttern in ein Schälchen geben. Die übrigen Portionen einfrieren.

Kürbis-Kartoffelpüree

Ab dem 8. Monat • mittags • eisenreich

🍽 4 Portionen   ⏱ 20 Min.

400 g Hokkaido-Kürbis ➤**4 kleine Kartoffeln (200 g)** ➤**120 g Rindertatar** ➤**4 EL Rapsöl** ➤**2 EL gehackte Petersilie** ➤**6 EL Orangensaft**

/// Den Hokkaido-Kürbis entkernen und in Stücke schneiden. Die Kartoffeln schälen und ebenfalls klein schneiden. /// Mit wenig Wasser in einen Topf geben und 15 Minuten weich kochen. /// In der Zwischenzeit das Rindertatar in einer Pfanne im heißen Rapsöl andünsten, ohne dass es braun wird. Dabei immer wieder rühren, so dass es schön krümelig wird. /// Die Petersilie zum Rindertartar geben und unterrühren. /// Den Kürbis und die Kartoffeln abgießen. Den Orangensaft hinzufügen und alles mit dem Kartoffelstampfer zu Mus zerdrücken. Das Rindertatar darübergeben. /// 1 Babyportion zum Gleich-Füttern in ein Schälchen geben. Die übrigen Portionen einfrieren.

Erster
Rindfleischtopf

Ab dem 9. Monat • mittags • Baby-Liebling

🍽 4 Portionen   ⏱ 60 Min.

150 g Rindergulasch ➤**4 EL Rapsöl**
➤**1 Schalotte** ➤**1 EL Tomatenmark** ➤**200 g
Möhren** ➤**200 g passierte Tomaten** ➤**100 g
Sternchennudeln**

/// Das Gulasch in kleine Würfel schneiden und in einem Topf im heißen Rapsöl kurz andünsten. /// Die Schalotte abziehen und fein würfeln. Mit dem Tomatenmark in den Topf geben und kurz mitdünsten. /// Die Möhren schälen und in Stücke schneiden. Möhren, passierte Tomaten und 200 ml Wasser in den Topf geben und alles 50 Minuten schmoren lassen. /// Die Sternchennudeln nach Packungsanweisung weich kochen und abgießen. /// Je nachdem, wie fein püriert Ihr Baby es mag, den Rindfleischtopf entweder pürieren oder mit der Gabel zermusen. /// 1 Portion zum Gleich-Füttern in ein Schälchen geben. Den übrigen Rindfleischtopf in Einzelportionen einfrieren.

Milde
Tomatensoße

Ab dem 8. Monat • für den Vorrat • mild

🍽 5 Portionen   ⏱ 40 Min.

**300 g gewürfelter Hokkaido- oder Butternuss-
kürbis (alternativ: Möhren)** ➤**5 EL Rapsöl** ➤**80 ml Wasser** ➤**1 EL Tomatenmark**
➤**1 Dose (400 ml) passierte Tomaten**

/// Den gewürfelten Kürbis in einem Topf im heißen Rapsöl andünsten. Das Wasser dazugießen und den Kürbis 5 Minuten dünsten. Das Tomatenmark und die passierten Tomaten hinzufügen und alles weitere 15 Minuten kochen. /// Die Tomaten-Kürbis-Soße mit dem Mixstab fein pürieren. Entweder in kleinen Portionen einfrieren oder sofort noch heiß in kleine Schraubgläser (200 ml) füllen. Mit dem Deckel verschließen und für 15 Minuten auf den Kopf stellen. Die angegebene Menge reicht für 4 Gläser, die sich gekühlt 3 bis 4 Monate halten.

TIPP Kürbis oder Möhren machen diese Tomatensoße schön mild und bekömmlich. Etwas Couscous oder ein paar kleine Vollkornnudeln dazu (z. B. Buchstabennudeln) – und Sie haben immer eine schnelle Mahlzeit parat!

Baby-Bolognese

Ab dem 7. Monat • mittags • zum Kauen-Üben

🔔 4 Portionen   🕐 30 Min.

120 g Rindertatar ➤ **4 EL Rapsöl** ➤ **1 Möhre** ➤ **400 g passierte Tomaten (aus der Dose oder dem Glas)** ➤ **100 g Buchstabennudeln (am besten aus Vollkorn)**

/// Das Rindertatar in einer Pfanne im heißen Rapsöl krümelig braten, ohne dass es braun wird. /// Die Möhre schälen und sehr fein raspeln. Mit in die Pfanne geben und kurz mitdünsten. /// Die passierten Tomaten hinzufügen und die Bolognese-Soße 10 Minuten kochen lassen. /// Die Buchstabennudeln nach Packungsanweisung weich kochen. Anschließend die Nudeln abgießen und mit Bolognese-Soße vermischen. Wenn Ihr Baby keine Stückchen mag, nach Belieben noch etwas pürieren. /// 1 Babyportion zum Gleich-Füttern in ein Schälchen geben. Die übrigen Portionen einfrieren.

Leckerer Lachs

Ab dem 9. Monat • mittags • gesunde Fette

4 Portionen   30 Min.

100 g Reis >400 g Möhren >100 g Kirschtomaten >120 g Lachsfilet >4 EL Rapsöl >4 EL Orangensaft

///Den Reis in einen Topf geben und nach Packungsanweisung kochen. ///Die Möhren schälen und in Stücke schneiden. Die Stücke in einem Topf in wenig Wasser 15 Minuten garen. ///Die Kirschtomaten halbieren. Den Lachs klein würfeln. Beides nach 10 Minuten Garzeit mit zu den Möhren in den Topf geben. ///Möhren, Kirschtomaten und Lachs in wenig Garwasser mit Rapsöl und Orangensaft zu Mus stampfen. ///Den Reis abgießen und dazugeben. Je nach Vorliebe Ihres Babys noch etwas mit dem Kartoffelstampfer zermusen. ///1 Babyportion zum Gleich-Füttern in ein Schälchen geben. Die übrigen Portionen einfrieren.

Kartoffelgemüse mit Fisch

Ab dem 8. Monat • mittags • erste Stückchen

4 Portionen   30 Min.

400 g Brokkoli >4 kleine Kartoffeln (200 g) >120 g Seelachsfilet >4 EL Rapsöl >4 EL Orangensaft

Den Brokkoli in Röschen teilen. Den Stiel klein würfeln. Die Kartoffeln schälen und in Stücke schneiden. ///Die Kartoffelstücke zusammen mit dem gewürfelten Brokkolistiel in wenig Wasser 15 Minuten weich kochen. ///Nach 5 Minuten die Brokkoliröschen mit in den Topf geben. ///Das Seelachsfilet von Gräten befreien und klein würfeln. In einer Pfanne im heißen Rapsöl 5 Minuten andünsten, ohne dass es braun wird. ///Das Gemüse mit wenig Garwasser und dem Orangensaft mit einem Kartoffelstampfer zu einem stückigen Brei stampfen. Den gedünsteten Fisch mit Brokkoli-Kartoffel-Gemüse servieren. ///1 Babyportion zum Gleich-Füttern in ein Schälchen geben. Die übrigen Portionen einfrieren.

Baby led weaning: Geht's auch ohne Brei?

Manche Babys mögen von Anfang an lieber Fingerfood. Warum nicht?

Es gibt Babys, die Brei eher ablehnen und lieber gleich »wie die Großen« essen möchten. Manche Eltern finden das gut und lassen ihr Baby von Anfang an selbstbestimmt essen. Doch können Babys wirklich selber entscheiden, was sie essen?

»BABY LED WEANING« [BLW]: So nennt man die Beikost-Methode, bei der Babys mit Fingerfood und nicht mit Brei starten. Übersetzt bedeutet »Baby led weaning« so viel wie »babygesteuertes Entwöhnen« bzw. »Beikost nach Bedarf«. Ihr Baby erforscht gekochte Kartoffelspalten oder Brokkoliröschen, lutscht oder saugt daran – und isst genau so viel davon, wie es möchte. Wichtig ist, dass dabei weiterhin nach Bedarf gestillt wird.

Profitiert mein Baby von BLW?

Laut einer Studie der Universität Nottingham sind BLW-Babys im Kindergartenalter offener für neue Lebensmittel und essen gesünder. Befürworter loben außerdem, dass das Kind sich selbst als kompetent wahrnimmt und so sein natürliches Sättigungsgefühl besser trainiert. Das Deutsche Institut für Kinderernährung hat Gegenargumente. Essen Babys vorgegebene Mengen an Brei, lässt sich schließlich ganz klar aufschlüsseln, wie viele Nährstoffe sie bekommen. Doch welches Baby isst schon genau nach Plan? Und was, wenn mein Baby einfach keinen Brei essen möchte? Dennoch schließen auch Skeptiker Fingerfood als Ergänzung nicht aus.

> Warum muss es eigentlich immer ein strenges Entweder-oder sein? Warum dem Baby nicht die Wahl lassen und ihm mal Brei, mal Fingerfood anbieten?

WANN IST MEIN BABY BEREIT FÜR FESTE KOST? Sobald Ihr Baby festes Essen nicht gleich wieder aus dem Mund schiebt – also der Zungenstreckreflex verschwunden ist –, kann es beginnen, feste Kost zu sich nehmen. BLW-Babys müssen außerdem sitzen können, das Köpfchen aufrecht halten und das Essen selber greifen können. Vielen Babys gelingt das zwischen dem sechsten und achten Monat.

ESSEN NACH PLAN?

Keine Angst, BLW muss nicht kompliziert sein, wenn es am Familientisch eine Auswahl frischer und gesunder Lebensmittel gibt. Am besten behalten Eltern dabei den klassischen Beikostplan im Hinterkopf und »übersetzen« ihn in Fingerfood. Statt Gemüse-Kartoffel-Fleisch-Brei gibt es also ein paar Kartoffelspalten, eine weich gegarte Möhre und dazu etwas zerrupftes Lachsfilet zum Kauen. Lassen Sie sich nicht verunsichern, wenn der Beikoststart etwas langsamer verläuft als bei Breibabys. Das Selberessen erfordert mehr motorisches Können und strengt auch etwas mehr an. Wenn Sie weiterhin nach Bedarf stillen, ist Ihr Baby ausreichend mit allem versorgt.

WAS DARF MEIN BABY ESSEN?

Das Wichtigste: Alles sollte weich und in handliche Portionen geschnitten sein, damit Ihr Baby es gut greifen kann. Alles, was hart ist, wie z. B. Möhren oder Äpfel, wird weich gekocht, gedämpft oder im Ofen gegart. Sonst besteht Verschluckungsgefahr. Nicht geeignet sind zu kleine, harte Lebensmittel wie Weintrauben oder Nüsse und Kerne. Tabu sind stark Gesalzenes, Gewürztes, Honig oder rohes Fleisch und roher Fisch.

BREIFREI UNTERWEGS

Auch wenn Sie mit Ihrem Baby unterwegs sind, ist BLW praktisch. Sie brauchen kein Gläschen aufzuwärmen und weil Ihr Baby selbst isst, können Sie sich eine kleine Pause gönnen. Unterwegs bewährt haben sich z. B. Vollkornpfannkuchen (Seite 199), Mini-Pizzen (Seite 126), Waffeln (Seite 133), Vollkornpasta oder Gemüsespalten (Seite 68).

Fingerfood fürs Baby – so geht's ganz konkret

RAPSÖL NICHT VERGESSEN

Am besten zum Kochen und Braten des Familienessens Rapsöl verwenden oder das Öl nach dem Garen über das Gemüse träufeln. So bekommen auch BLW-Babys ihre Portion wertvoller Omega-3-Fettsäuren ab.

GEMÜSE

Kohlrabi, Kartoffeln, Möhren und Pastinake am besten in längliche Spalten schneiden, damit sie sich gut greifen lassen. Ihrem Baby schmecken die Gemüsespalten gedämpft, in wenig Wasser gekocht oder im Ofen gegart. Auch Brokkoli- oder Blumenkohlröschen oder Avocado- oder Süßkartoffelspalten sind sehr gut geeignet.

OBST ALS SNACK

Weiche Bananenstücke, Pfirsich- oder Mangospalten sind ein gesunder Snack für Ihr Baby, machen allein aber nicht lange satt. Um den Ballaststoffanteil zu erhöhen, wälzen Sie das Obst von Zeit zu Zeit mal in Haferflocken oder Haferkleie. Dazu reichen Sie ein Glas Buttermilch oder etwas Joghurt (insgesamt maximal 200 ml am Tag) und Ihr Baby ist nicht gleich wieder hungrig.

FLEISCH UND FISCH

Gut durchgegartes Hackfleisch, geschmortes Rind oder Huhn – so kommen auch zahnlose Babys gut mit Fleisch zurecht. Lachs- oder anderes Fischfilet ist ohnehin sehr zart.

BROT OHNE RINDE

Helle Brötchen kleben im Mund schnell zusammen, wenn Babys noch nicht richtig kauen können. Besser und gesünder ist feines Vollkornbrot ohne harte Rinde, das im Mund zerkrümelt.

Löffelgrieß
mit Himbeeren

Ab dem 8. Monat • abends • stuhlauf-lockernd

🍽 1 Portion   🕐 10 Min.

200 ml Vollmilch > **20 g Dinkelvollkorn-grieß** > **1 Handvoll Himbeeren**

/// Milch in einen Topf geben, den Grieß ein-rühren. Aufkochen lassen und unter Rühren 3 Minuten weiterkochen lassen. /// Die Him-beeren pürieren oder zerdrücken. /// Den Grießbrei etwas abkühlen lassen und mit Himbeeren servieren.

Beerenbrei
für unterwegs

Ab dem 9. Monat • Zwischenmahlzeit • zum Mitnehmen

🍽 2 Portionen   🕐 15 Min.

4 Scheiben Vollkornzwieback, unge-süßt > **300 g Beerenmix (frisch oder TK)** > **1 EL Mandelmus**

/// Zwieback in einen Gefrierbeutel geben und zerbröseln. Beeren und Mandelmus fein pürieren. /// Die Zwiebackbrösel und das Obst-püree abwechselnd in Schraubgläser schichten. Mindestens 1 Stunde durchziehen lassen.

Haferbrei
mit Pflaumen

Abends • stuhlauflockernd

🍽 1 Portion   🕐 10 Min.

1 getrocknete Pflaume > **2–3 EL (20 g) zarte Haferflocken** > **200 ml Vollmilch**

/// Die getrocknete Pflaume fein hacken. /// Mit den Haferflocken und der Milch in einen Topf geben. Aufkochen und unter Rühren 3 Minuten köcheln lassen. /// Etwas abkühlen lassen – fertig!

Beerenmix
mit Joghurt

Ab dem 10. Monat • Zwischenmahlzeit • statt Vollmilch-Getreide-Brei

🍽 Für 1 Portion   🕐 10 Min.

1 Handvoll Beeren, z. B. Blaubeeren, Himbee-ren oder Erdbeeren > **20 g zarte Haferflo-cken** > **200 g Naturjoghurt (3,5 % Fett)** > **1 TL Rapsöl**

/// Beeren putzen und mit den Haferflocken und dem Naturjoghurt pürieren. /// In ein Schälchen geben. Das Rapsöl einrühren – fertig!

Orangen-Bananen-Couscous

Ab dem 9. Monat • nachmittags •
zum Kauen-Üben

🍽 1 Portion ⏱ 15 Min.

ca. 2 EL (20 g) Dinkelvollkorn-Couscous
❯50 ml Wasser ❯½ Orange ❯½ Banane
❯1 TL Rapsöl

/// Den Couscous in ein Schälchen geben. Das Wasser in einem Wasserkocher zum Kochen bringen und über den Couscous geben. Die Körner 5 Minuten quellen lassen. /// Die Orange und die Banane schälen. In groben Stücken in ein hohes Gefäß füllen und pürieren. /// Das Obstpüree zum Couscous geben und alles miteinander vermengen.

Bananen-Haferflocken-Cookies

Ab dem 9. Monat • selber essen •
ohne Zucker

🍽 12 Stück ⏱ 30 Min.

3 reife Bananen ❯200 g zarte Haferflocken

/// Die Bananen schälen und in einer Schüssel mit der Gabel zerdrücken. Die Haferflocken dazugeben und mit dem Bananenmus vermengen. /// Mit den Händen je 2 Esslöffel Teig zu einer Kugel formen und diese dann auf einem mit Backpapier belegten Blech flach drücken. /// Die Cookies im vorgeheizten Ofen bei 180 °C etwa 20 Minuten backen.

TIPP Diese Cookies sind ganz einfach und sie enthalten keinen Zucker. Je reifer die Bananen, desto süßer der Geschmack.

Finger-food fürs Baby

Brokkoli-Linsen-
Pasta,
Seite 73

Gemüsespalten mit Linsen-Hummus

Ab dem 8. Monat • selber essen • eisenreich

🍽 2 Portionen   ⏲ 20 Min.

6 EL rote Linsen ➤**2 Kartoffeln** ➤**2 Möhren**
➤**1 Pastinake** ➤**2–3 EL Apfeldirektsaft**
➤**1–2 EL Tahin (Sesampaste)** ➤**1 EL Rapsöl**

/// Für das Linsen-Hummus die Linsen in kochendem Wasser 15 Minuten garen. /// In der Zwischenzeit das Gemüse schälen und in längliche handliche Spalten schneiden, die Ihr Baby gut greifen kann. /// Die Gemüsespalten in einem Dünsteinsatz oder in einem Topf in wenig Wasser 8 bis 10 Minuten weich kochen. /// Die abgegossenen Linsen mit Apfelsaft, Tahin und Rapsöl zu einem feinen Hummus-Dip pürieren und zu den Gemüsespalten reichen.

VARIANTE Bewährtes Gemüse für Essanfänger sind z. B. Kürbis, Möhren, Pastinake, Süßkartoffel, Steckrübe, Blumenkohl, Kohlrabi und Brokkoli. Weil sie leicht am Gaumen hängen bleiben, sind Spinat und Mangold weniger geeignet. Maiskörner und Erbsen können Sie leicht zerdrückt anbieten, wenn Ihr Baby den Pinzettengriff beherrscht. Ebenfalls beliebt: gegarte Maiskolben zum Knabbern, für den Anfang am besten halbiert oder gedrittelt.

Süßkartoffel-Sticks

Ab dem 7. Monat • selber essen • vitaminreich

🍽 2 Portionen   ⏲ 30 Min.

1 Süßkartoffel ➤**1 EL Rapsöl**

/// Den Backofen auf 220 °C vorheizen. Die Süßkartoffel schälen und in handliche Spalten schneiden. /// Die Stücke auf ein mit Backpapier belegtes Backblech geben. Das Rapsöl darüberträufeln und alles gut durchmischen. /// Die Süßkartoffel-Sticks etwa 25 Minuten im Ofen backen, bis sie schön weich sind.

Zucchini-
Bites

Ab dem 8. Monat • Kauen-Üben • Fingerfood

🍽 12 Stück   ⏱ 25 Min.

200 g Zucchini ➤**60 g Vollkorn-Semmelbrösel** ➤**60 g geriebener Gouda** ➤**1 Ei**

außerdem
12 Mini-Muffinförmchen

/// Die Zucchini putzen und raspeln. Mit den
übrigen Zutaten vermengen. Ein Mini-Muf-
fin-Blech mit den Förmchen auslegen. / /// Aus
der Masse kleine Bällchen formen und in die
Förmchen setzen. Im vorgeheizten Backofen bei
180 °C 20 Minuten backen.

VARIANTE Funktioniert auch prima mit
Süßkartoffeln.

Ziegenkäse-
Omelett

*Ab dem 11. Monat • gemeinsam essen •
schnell*

🍽 1 Erwachsener + 1 Baby
⏱ 15 Min.

60 g Ziegenkäse von der Rolle ➤**3 Eier**
➤**1 Handvoll Kirschtomaten** ➤**2 EL Rapsöl**
➤**1 Handvoll frische Spinatblätter**

/// Den Ziegenfrischkäse klein würfeln und mit
den Eiern verquirlen. Die Tomaten ebenfalls
klein würfeln. /// Das Rapsöl in einer Pfanne erhitzen und die Eiermasse hineingeben.
Die Tomatenwürfel darauf verteilen. In 4 bis
5 Minuten zu einem Omelett braten. /// Den
Spinat auf dem Omelett verteilen, weitere 2
Minuten stocken lassen. Das Omelett zur Hälfte
überklappen. Den Pfannendeckel auflegen und
das Omelett 1 bis 2 Minuten zu Ende garen
lassen. /// Das Omelett mit Vollkornbrot servieren.

1Pfannkuchen, 4Varianten

Babys Lieblings-essen

🛎 ca. 8 Stück

🕐 25 Min.

200 g Dinkelvollkornmehl ➤**300 ml Hafermilch oder Bio-Kuhmilch** ➤**2 Eier** ➤**1 Prise Salz** ➤**Butter zum Braten**

Vollkorn-Pfannküchlein

Ab dem 8. Monat • zum In-die-Hand-Nehmen

///Das Mehl mit Milch, Eiern und Salz verrühren. ///Zum Braten jeweils etwas Butter in eine Pfanne geben. Einen Schöpflöffel voll Teig hineingeben. ///Etwa 2 Minuten backen, dann den Pfannkuchen wenden und die zweite Seite 2 Minuten goldbraun backen. ///Auf diese Weise alle Pfannkuchen herstellen. Eventuell die fertigen Pfannkuchen bei 100 °C im Backofen warm halten.

Variante 1
Pfannküchlein mit Heidelbeeren

/// 250 g Heidelbeeren verlesen, waschen und trocken tupfen. /// Etwas Butter in eine Pfanne geben. Für jeden Pfannkuchen 2 Esslöffel Teig hineingeben. Ein paar Blaubeeren darüberstreuen. /// Pfannkuchen von beiden Seiten goldbraun backen.

Variante 2
Pfannküchlein mit Buchweizen

/// Die Hälfte des Dinkelmehls durch Buchweizenmehl ersetzen und den Teig wie beschrieben zubereiten. /// 2 Scheiben Kochschinken würfeln und 2 Esslöffel geraspelten Käse bereitstellen. /// Für jeden Pfannkuchen etwas Teig in die Pfanne geben. Schinkenwürfel und Käseraspel darübergeben. Von beiden Seiten goldbraun backen.

Variante 3
Möhren-Pfannküchlein

/// Den Pfannkuchenteig wie beschrieben zubereiten. /// Eine Möhre fein raspeln und unter den Teig rühren. /// Butter in einer Pfanne erhitzen. Mit einer Schöpfkelle etwas Teig hineingeben und nacheinander nach Belieben kleinere oder größere Pfannkuchen ausbacken.

Variante 4
Pfannküchlein ohne Ei

/// Ersetzen Sie im Grundrezept die beiden Eier durch 120 g Apfelmus. Mit 200 ml Hafermilch, Mehl und Salz wie beschrieben zubereiten. /// Für jeden Pfannkuchen etwas Butter in eine Pfanne geben und nacheinander etwa 12 kleine Pfannkuchen ausbacken.

Polenta-
Rauten

Ab dem 8. Monat • selber essen • glutenfrei

🍽 15 Stück 🕐 30 Min.

1 EL Rapsöl ➤140 g Polenta ➤3 EL geriebener Gouda ➤Rapsöl zum Braten

///500 ml Wasser in einem Topf aufkochen. Das Rapsöl und die Polenta dazugeben und unter Rühren 2 Minuten köcheln lassen. /// Den geriebenen Käse unterrühren. Die Masse auf Backpapier 1 bis 2 cm dick zu einem Rechteck verstreichen. 15 Minuten abkühlen und fest werden lassen. ///Mit einem Messer schräg in Rauten schneiden. Die Rauten in einer Pfanne im heißen Rapsöl kurz von beiden Seiten anbraten.

TIPP Diese Polenta-Rauten zerkrümeln im Mund, so dass Ihr Baby auch ohne Zähnchen gut damit zurechtkommt. Im Kühlschrank aufbewahrt bleiben sie bis zu 3 Tage frisch. Sie sind auch ideal für unterwegs oder zwischendurch, weil sie kalt ebenso gut schmecken.

Pellkartoffeln
mit Avocadoquark

Ab dem 10. Monat • gemeinsam essen • gesunde Fette

🍽 2 Portionen 🕐 45 Min.

400 g Kartoffeln ➤100 g Magerquark ➤100 g griechischer Joghurt ➤1 reife Avocado ➤2 EL gehackte Petersilie (oder Basilikum)

///Die Kartoffeln gründlich unter fließendem Wasser abbürsten, mit Wasser in einen Topf geben und je nach Größe 25 bis 30 Minuten kochen. ///In der Zwischenzeit den Quark und den Joghurt verrühren. Die Avocado halbieren, entkernen und das Fruchtfleisch mit einem Löffel aus der Schale lösen. Fein pürieren und mit den Kräutern unter den Quark rühren. /// Die Kartoffeln abgießen und pellen. Etwas abkühlen lassen und mit dem Avocadoquark anrichten.

Brokkoli-Linsen-Pasta

*Ab dem 11. Monat • gemeinsam essen •
eisenreich*

🍽 1 Baby + 1 Erwachsener
🕐 25 Min.

1 kleiner Brokkoli (300 g) ❯**4 getrocknete
Aprikosen** ❯**150 g kleine Vollkornnudeln**
❯**70 g rote Linsen** ❯**80 g Frischkäse**

/// Den Brokkoli putzen und in kleine Röschen
teilen. Den Strunk klein würfeln. Die Aprikosen fein hacken. /// Die Nudeln und die Linsen
jeweils in kochendem Wasser nach Packungsanweisung garen. 5 Minuten vor Ende der Garzeit den Brokkoli zu den Nudeln geben. /// Die
Nudeln abgießen, dabei 100 ml Nudelwasser
auffangen. Das Nudelwasser zurück in den Topf
geben und den Frischkäse einrühren. Nudeln
mit Brokkoli, Linsen und Aprikosen untermischen.

Pasta mit Brokkoli-Pesto

*Ab dem 8. Monat • selber essen • Baby-
Liebling*

🍽 1–2 Portionen   🕐 20 Min.

60 g Vollkornnudeln ❯**100 g Brokkoliröschen** ❯**3 EL gemahlene Mandeln** ❯**3 EL
geriebener Parmesan** ❯**3 EL Rapsöl**

/// Die Nudeln in kochendem Wasser nach Packungsanweisung gar kochen. /// Die Brokkoliröschen in einem Topf mit kochendem Wasser
etwa 6 Minuten bissfest garen. In ein Sieb geben und gut abtropfen lassen. /// Brokkoli mit
Mandeln, Parmesan und Rapsöl in ein hohes
Gefäß geben und pürieren. /// Die Nudeln abgießen und mit Brokkoli-Pesto servieren. Übrig
gebliebenes Pesto hält sich in ein Schraubglas
gefüllt 2 Tage frisch.

1 Soße, 4 Varianten

Klassische Tomatensoße

Leckere Gemüse-soße – schmeckt super zu Vollkorn-nudeln oder Reis

🍽 4 Portionen
🕐 35 Min.

1–2 Zwiebeln ▸50 ml Rapsöl ▸800 g passierte Tomaten aus der Dose ▸1 TL getrockneter Oregano ▸6 Blätter Basilikum ▸40 g geriebener Parmesan ▸dazu kleine Vollkornnudeln, Reis oder Vollkorn-Couscous

Ab dem 9. Monat

/// Die Zwiebeln abziehen und sehr fein würfeln. Das Öl in einem Topf erhitzen und die Zwiebelwürfel darin 5 Minuten sanft schmoren lassen. /// Die Tomaten und den getrockneten Oregano dazugeben und alles 25 Minuten köcheln lassen. Dabei gelegentlich umrühren. Das Basilikum hacken und mit in die Soße geben. /// Dazu passen kleine Vollkornnudeln, Reis oder Couscous. Diese in der Zwischenzeit nach Packungsanweisung zubereiten, dann mit der Soße und Parmesan bestreut servieren. /// Die übrige Soße hält sich, in ein Schraubglas gefüllt, 2 bis 3 Tage im Kühlschrank. Oder Sie frieren sie für später ein.

Variante 1
Soße mit extra viel Gemüse

/// Statt der Zwiebel 1 Bund Suppengrün putzen und klein würfeln. /// Die Gemüsewürfel 5 Minuten im heißen Rapsöl andünsten. /// Die Tomaten dazugeben und alles 25 Minuten köcheln lassen. /// Wenn Ihr Baby es stückig nicht mag, die Soße noch etwas pürieren.

Variante 2
Paprikasoße

/// 2 rote Paprika putzen, entkernen und in kleine Würfel schneiden. Zusammen mit den Zwiebelwürfeln im heißen Rapsöl andünsten. /// Die passierten Tomaten dazugeben und alles 25 Minuten köcheln lassen. /// Wenn Ihr Baby es stückig nicht mag, die Soße noch etwas pürieren.

Variante 3
Milde Möhrensoße

/// 4 Möhren schälen und fein raspeln. Zusammen mit der Zwiebel im heißen Rapsöl andünsten. Die passierten Tomaten dazugeben und alles 25 Minuten köcheln lassen. /// 1 Esslöffel Frischkäse unterrühren.

Variante 4
Tomaten-Schinken-Sahne-Soße

100 g Schinkenwürfel zusammen mit der Zwiebel im heißen Rapsöl andünsten. /// Die passierten Tomaten dazugeben und alles 25 Minuten köcheln lassen. /// 150 g saure Sahne in die Soße einrühren.

Ofen-Hähnchen

Ab dem 8. Monat • Mittagsmenü •
Kauen-Üben

🍽 2 Portionen   🕐 50 Min.

**2 Kartoffeln ›2 Möhren ›2 EL Rapsöl
›2 Hähnchenunterkeulen**

/// Den Backofen auf 200 °C vorheizen. Die Kartoffeln schälen und in Spalten schneiden. Die Möhren schälen und je nach Größe längs halbieren oder vierteln. /// Kartoffel- und Möhrenspalten auf einem mit Backpapier belegtes Blech verteilen. Das Rapsöl darübergeben und alles gut vermengen. /// Die Hähnchenunterkeulen mit auf das Blech legen und alles im Backofen 40 Minuten garen. /// Das Hähnchenfleisch vom Knochen pulen und in mundgerechte Stücke zupfen. Mit Kartoffeln und Möhren servieren. /// Die zweite Babyportion für den nächsten Tag im Kühlschrank aufbewahren.

Gemüsecreme mit Wiener

Ab dem 11. Monat • gemeinsam essen •
Baby-Liebling

🍽 1 Erwachsener + 1 Baby
🕐 30 Min.

**300 g Kartoffeln, vorwiegend festkochend
›1 Bund Suppengrün ›2 EL Rapsöl ›500 ml
Gemüsebrühe ›200 ml Kochsahne ›1 Prise
Muskat ›2 Wiener Würstchen**

/// Die Kartoffeln und das Gemüse schälen und in Stücke schneiden. /// Kartoffel- und Gemüsestücke in einem Topf im heißen Rapsöl kurz andünsten. Die Gemüsebrühe dazugießen und alles 20 Minuten kochen lassen. /// Die Kochsahne dazugeben und alles pürieren. Mit etwas Muskat würzen. /// Die Wiener Würstchen in Scheiben schneiden und in die heiße Suppe geben.

Lachs-Kartoffel-Frikadellen

Ab dem 8. Monat • mittags • Omega-3-Fettsäuren

🍽 6 kleine Frikadellen   🕐 30 Min.

200 g mehligkochende Kartoffeln ›150 g Lachsfilet ›1 EL Dinkelmehl Type 1050 ›1 Ei ›1–2 EL Dinkelvollkorn-Semmel-brösel ›Rapsöl zum Braten

/// Die Kartoffeln schälen und in Stücke schneiden. In kochendem Salzwasser 20 Minuten garen. Abgießen, in eine Schüssel geben und mit einem Kartoffelstampfer zu Mus stampfen. /// Das Lachsfilet auf Gräten untersuchen und auf einem Brett mit einem Messer fein hacken. /// Den Lachs, das Mehl und die Semmelbrösel zu den Kartoffeln geben und alles mit den Händen gut vermengen. /// Mit den Händen zu 6 kleinen Frikadellen formen. In einer Pfanne im heißen Rapsöl von jeder Seite ca. 4 Minuten braten.

Brokkoliröschen mit Avocado-Dip

Vitaminreich • gesunde Fette

🍽 1 bis 2 Portionen   🕐 30 Min.

1 Handvoll Brokkoliröschen ›½ Avocado ›1 EL griechischer Joghurt

/// Die Brokkoliröschen in etwas Wasser 10 Minuten weich kochen. /// Das Fruchtfleisch aus der Avocado herauslösen. Avocado und Joghurt pürieren. /// Brokkoli abgießen und etwas abkühlen lassen. Mit Avocado-Dip servieren.

Weiche Apfelspalten

Ab dem 8. Monat • Kauen-Üben • Zwischenmahlzeit

🍽 2 Portionen   🕐 30 Min.

1 Apfel ›1 EL Rapsöl

/// Den Backofen auf 200 °C vorheizen. Den Apfel entkernen und in handliche Spalten schneiden. /// Auf ein mit Backpapier belegtes Blech geben. Mit Rapsöl beträufeln und im Ofen 10 bis 15 Minuten weich garen. Die Apfelspalten schmecken warm und kalt.

Leckere Brothäppchen

Etwa ab dem 10. Lebensmonat können Sie Ihrem Baby am Morgen oder Abend Brot anbieten. Wählen Sie am besten feines Vollkornbrot oder -brötchen und schneiden Sie mundgerechte Stücke, so dass Ihr Kind sie ganz alleine essen kann. Bestreichen Sie das Brot anfangs dünn mit Butter oder Frischkäse. Hier ein paar kreative Ideen für gesunde Brotmahlzeiten:

Mit Avocado

Sie liefert gesunde Fette und schmeckt vielen Babys gut: Einfach ½ Avocado mit einer Gabel zerdrücken und aufs Brot streichen.

Mit Kräuterbutter

Kräuter sind besonders reich an wertvollen Mineralstoffen. 1 Esslöffel weiche Butter mit 1 Esslöffel gehackter Petersilie verrühren und das Brot damit bestreichen.

Mit Banane

Für Schleckermäuler: Ein Stück zu Mus zerdrückte Banane ist ein süßer, aber gesunder Brotaufstrich.

Gemüse-püree

Noch Kürbispüree aus dem Tiefkühlvorrat übrig? Schmeckt prima auf Brot – und ist gesund!

Mandelmus

Nussmus steckt voller wertvoller Nährstoffe und ist eine leckere Alternative zu Butter.

Apfelmus

Schon mal Apfelmus auf Butterbrot probiert? Klingt ungewöhnlich, ist aber superlecker!

Frischkäse

Frischkäse lässt sich mit geraspelter Möhre, Gurke oder Zucchini ratzfatz zu einem gesunden Brotaufstrich verrühren.

Fruchtaufstrich

80 g gehackte getrocknete Aprikosen mit 50 ml Apfeldirektsaft fein pürieren. In ein Schraubglas füllen und im Kühlschrank aufbewahren.

Vollkorn- Knabberstangen

Ab dem 8. Monat • mit Dinkelvollkorn •
Zwischenmahlzeit

🍽 16 Stück   🕐 30 Min.

1 kleine Möhre (50 g) ➤**100 g naturtrüber**
Apfelsaft ➤**1 EL Rapsöl** ➤**200 g Dinkelvoll-**
kornmehl

Den Backofen auf 180 °C vorheizen. Die Möhre schälen und sehr fein reiben oder zerkleinern. Die Möhrenraspel mit den übrigen Zutaten in eine Schüssel geben und zu einem glatten Teig verkneten. ///Aus dem Teig etwa 16 fingerdicke Stangen rollen. ///Die Stangen auf ein mit Backpapier belegtes Blech geben und 15 bis 17 Minuten backen. ///Die Knabberstangen halten sich in einer Blechdose 1 bis 2 Wochen frisch.

Weiche Brötchen

Ab dem 10. Monat • abends oder zwischen-
durch • zerkrümeln im Mund

🍽 10 Stück   🕐 70 Min.

400 g Dinkelvollkornmehl ➤**1 Tüte Trocken-**
hefe ➤**½ TL Jodsalz** ➤**200 ml Vollmilch** ➤**50 g**
Butter

Das Dinkelvollkornmehl mit Trockenhefe und Salz vermengen. Die Milch mit der Butter in einen Topf geben und sanft erwärmen, bis die Butter geschmolzen ist. ///Die Milch zum Mehl geben und alles zu einem glatten Teig verkneten. Mit einem Tuch abdecken und an einem warmen Ort 45 Minuten gehen lassen. ///Den Backofen auf 180 °C vorheizen. /// Aus dem Teig 10 kleine Brötchen formen. Auf ein mit Backpapier belegtes Blech geben und 20 Minuten backen.

Fingernudeln
mit Apfelmus

Ab dem 10. Monat • gemeinsam essen • mit pflanzlichem Eisen

🍽 1 Erwachsener + 1 Baby

🕐 30 Min.

500 g Pellkartoffeln vom Vortag, vorwiegend festkochend ➤**200 g Dinkelmehl Type 630** ➤**3 EL zarte Haferflocken** ➤**1 Ei (M)** ➤**4 EL Rapsöl** ➤**200 g ungesüßtes Apfelmus oder Kürbismus**

/// Die Kartoffeln pellen und mit dem Kartoffelstampfer fein zerdrücken. /// Das Mehl, die Haferflocken und das Ei dazugeben und alles mit den Händen zu einem glatten Teig verkneten. /// Aus dem Teig fingerdicke Rollen formen. /// Die Fingernudeln in einer Pfanne im heißen Rapsöl 5 bis 7 Minuten rundherum braten. /// Mit Apfel- oder Kürbismus servieren.

TIPP Diese gesunden Fingernudeln enthalten eisenreiche Haferflocken. Das Vitamin C aus dem Obst- oder Kürbismus verbessert die Verwertung des pflanzlichen Eisens. Kochen Sie die Pellkartoffeln am besten schon am Vorabend, dann sind die Fingernudeln schnell gerollt, wenn der Hunger da ist. 500 g rohe Kartoffeln entsprechen 500 g Pellkartoffeln.

Dinkel-
Babykekse

Ab dem 11. Monat • für zwischendurch • zum Knabbern

🍽 ca. 20 Stück

🕐 30 Min.

120 g Dinkelvollkornmehl ➤**¼ TL Weinstein-Backpulver** ➤**60 g weiche Butter** ➤**2 TL flüssiger Honig** ➤**1 Prise Ceylon-Zimt**

/// Den Backofen auf 190 °C vorheizen. /// Das Dinkelvollkornmehl mit Backpulver in eine Schüssel geben und beides vermischen. /// Die Butter, den Honig und den Zimt dazugeben und alles zu einem glatten Teig verkneten. /// Den Teig 3 mm dick ausrollen und Tiere ausstechen. Auf ein mit Backpapier belegtes Blech geben und die Kekse im Ofen 8 bis 10 Minuten backen.

Vollkorn Apfelmus-Kuchen

Natursüß • mit Dinkelvollkorn

🍰 1 Kastenform (30 cm)   🕐 70 Min.

150 g Soft-Datteln ➤**200 g Apfelmus, ungesüßt** ➤**200 g Butter** ➤**4 Eier (M)** ➤**500 g Vollkorndinkelmehl** ➤**2 TL Weinstein-Backpulver** ➤**1 Prise Salz** ➤**250 ml Vollmilch oder Hafermilch** ➤**etwas Butter zum Fetten**

/// Den Backofen auf 180 °C vorheizen. /// Die Datteln mit 75 ml heißem Wasser übergießen und 10 Minuten quellen lassen. Mit Einweichwasser und dem Apfelmus in ein hohes Gefäß geben und fein pürieren. /// Butter und Eier in einer Rührschüssel verrühren. Apfelmus-Dattel-Mix unterrühren. Mehl mit Backpulver und Salz vermischen. Im Wechsel mit der Milch mit in die Rührschüssel geben. Alles mit den Knethaken eines Handrührgeräts zu einem glatten Teig verkneten. /// Die Kastenform mit Butter fetten. Den Teig einfüllen und auf der zweituntersten Schiene 50 bis 55 Minuten backen. /// Den Kuchen aus dem Ofen nehmen und vor dem Stürzen einige Minuten auskühlen lassen.

Babys erster Geburtstagskuchen

Ab dem 11. Monat • natursüß • mit Dinkelvollkorn

🍰 1 Kastenform (25 cm)   🕐 60 Min.

300 g Vollkorndinkelmehl ➤**2 TL Weinstein-Backpulver** ➤**3 reife Bananen (ca. 330 g)** ➤**50 g Dattelsüße** ➤**6 EL Rapsöl**

/// Das Mehl mit dem Backpulver vermischen. Die Bananen mit einer Gabel fein zerdrücken und mit den übrigen Zutaten zum Mehl in die Schüssel geben. Zu einem glatten Teig verrühren. /// Den Teig in eine mit Backpapier ausgelegte Kastenform (25–30 cm) oder eine Gugelhupfform geben und im vorgeheizten Ofen bei 180 °C 35 bis 45 Minuten backen. Je nach Reifegrad der Bananen kann die Backzeit etwas variieren. Stäbchenprobe nicht vergessen. /// Den Kuchen aus dem Ofen nehmen und vor dem Stürzen einige Minuten auskühlen lassen.

VARIANTE Sie können diesen Teig auch in Mini-Muffinförmchen backen. Die Backzeit beträgt dann etwa 15 Minuten.

TIPP Ein erster Geburtstag ohne Kuchen? Diesen Kuchen kann Ihr Baby mit gutem Gewissen naschen. Er kommt ganz ohne zugesetzten Zucker aus – die Süße stammt aus Bananen und Datteln.

Essen mit den Großen

Gemeinsame Mahlzeiten – Zeit zum Essen, Erzählen und Beisammensein

Um den ersten Geburtstag herum ist Babys Darm so weit entwickelt, dass es am Familientisch mitessen kann – umso wichtiger ist dann natürlich, was auf dem Speiseplan steht. Setzen Sie deshalb am besten von Anfang an auf eine gesunde Familienküche für alle - groß und klein. Gemeinsam genießen ist nicht nur schöner, Sie müssen auch nichts

extra kochen und sparen Zeit. Je abwechslungsreicher und frischer die Mahlzeiten, desto mehr schulen Kleinkinder ihren Geschmack – und desto gesünder wachsen sie auf.
Wie so oft ist für Kinder das, was wir tun, prägender als das, was wir sagen. Spätestens jetzt ist deshalb ein guter Zeitpunkt, um über die eigenen Essgewohnheiten nachzudenken.

Wo stehen Sie jetzt?

Überlegen Sie selbst einmal, wie Ihr Essverhalten in Ihrer Kindheit geprägt wurde. Sicherlich gibt es Aspekte, die Sie gerne weitergeben möchten, und andere Dinge, die Sie anders machen möchten. Stellen Sie sich ein paar grundsätzliche Fragen, etwa:
- » Welche Rolle spielt Essen in Ihrer Familie?
- » Nehmen Sie sich genug Zeit zum Essen?
- » Was haben Sie zum Essen im Vorratsschrank?
- » Essen Sie gemeinsam oder jeder für sich?
- » Wie stehen Sie zu Zucker, Fleisch und Kuhmilch?

Natürlich sollten Sie immer auch die individuellen Bedürfnisse Ihres Kindes berücksichtigen. Wer mehrere Kinder hat, weiß, dass Vorlieben und Abneigungen sehr unterschiedlich sein können. Genau wie bei Erwachsenen auch gibt es hier eine große Bandbreite. Nicht nur, was bevorzugte Speisen angeht, sondern auch bei Essensmenge und -tempo. Kaum ein Kind mag von Anfang an Brokkoli, Spargel, Aubergine oder Curry. Aber es wird sie erst recht nicht schätzen lernen, wenn diese Speisen bei Ihnen zu Hause nie oder nur selten auf den Tisch kommen.

Planen Sie Ihre Mahlzeiten am besten so, dass Sie mindestens einmal am Tag als Familie zusammen essen – mit viel Zeit zum Erzählen, Zuhören und einfach Beisammensein.

Der Mix aus einem abwechslungsreichen Speiseplan und einer entspannten Stimmung bei Tisch macht jedes Kind ganz automatisch zu einem guten Esser. Mehr ist nicht nötig und mehr brauchen Sie nicht zu erwarten: Sie werden es nicht erleben, dass ein Kind nur Gesundes isst, immer alles aufisst und niemals Speisen ablehnt.

Feste Essenszeiten

Wenn es ums Essen geht, lieben kleine Kinder eine gewisse Regelmäßigkeit. Weil sie wachsen und sich entwickeln, sind ihre Energiespeicher schneller leer als bei Erwachsenen. Ideal sind z. B. morgens ein Frühstück, vormittags eine Zwischenmahlzeit, mittags eine warme Hauptmahlzeit, nachmittags ein kleiner Snack und abends eine warme oder kalte Mahlzeit. Die Allerkleinsten sind meist noch sehr gut darin, Hunger und Sättigung zu spüren.

Doch im Kleinkindalter mehren sich die Verlockungen. Gerade durch zuckerhaltige Snacks schwindet das Gefühl dafür, was der eigene Körper braucht. Natürlich gibt es auch Phasen, in denen Kinder Vorlieben für nur einige wenige Lebensmittel haben, aber langfristig gesehen strebt der Körper nach einem Gleichgewicht und vielseitiger Ernährung. Das zeigen auch wissenschaftliche Studien: Kinder durften über einige Wochen lang selber aus einem abwechslungsreichen Speisenangebot wählen. Klar: Es waren auch Kinder dabei, die eine gewisse Zeit nur Nudeln aßen. Über einen Monat betrachtet waren die verzehrten Nährstoffmengen jedoch ausgewogen. Doch das funktioniert nur, wenn nicht falsche Essgewohnheiten das Körpergefühl stören. Eines der größten Probleme für unsere Kleinen sind zu viele Snacks.

Snacks in den Griff bekommen

Viele Kinder essen heute den ganzen Tag: zwischen den Mahlzeiten Brezel, Kekse, Quetschies (Fruchtpüree) oder Reiswaffeln. Dass Kinder nie richtig hungrig sind, ist keine Seltenheit. Das heißt nicht, dass Kinder nichts zwischendurch essen dürfen. Zweimal am Tag ein Snack reicht jedoch aus. Klar, dass Kinder zu den wichtigen Hauptmahlzeiten keinen Appetit haben, wenn es vorher Rosinenbrötchen gab. Wenn Sie darauf achten, dass Ihr Kind nicht zu oft zwischen den Mahlzeiten isst, wird sich der kindliche Körper mit der Zeit auf feste Essenszeiten einstellen. So wird auch der Appetit auf gesunde Hauptmahlzeiten größer. Der Versuch lohnt sich – probieren Sie es aus!

So bekommen Sie die Zwischenmahlzeiten Ihres Kindes in den Griff: Ein Snack soll Energie zum Spielen und Toben liefern, aber gleichzeitig noch Platz für die gesunden Hauptmahlzeiten lassen. Nutzen Sie die Gelegenheit für einen Gemüse- oder Obstsnack. Rohkost kommt bei Kindern meist gut an. Süße Joghurts, Cornflakes, Müsliriegel und viele Kindersnacks sind durch die zugesetzte Süße letztlich eine versteckte Nascherei. Mit einer gesunden Zwischenmahlzeit aus ein paar Obst- oder Gemüseschnitzen oder einem Naturjoghurt mit frischem Fruchtmus sind sie nicht vergleichbar – weder in puncto Nährstoffe, noch was den Sättigungsfaktor angeht. Und da Eltern um das Thema Süßes irgendwann nicht herumkommen: Entscheiden Sie sich lieber für eine echte Nascherei am Tag – und dann belassen Sie es dabei. Mehr zum richtigen Umgang mit Zucker und Süßigkeiten lesen Sie im Kapitel »Wie Kinder mit weniger Zucker auskommen« (Seite 90)

Ihre wichtigste Aufgabe als Eltern ist, gesunde und frische Mahlzeiten anzubieten. Denken Sie auch daran, wie wichtig eine entspannte Stimmung am Tisch ist. Nur wer sich wohlfühlt, hat Appetit beim Essen. Und Essen ist schließlich mehr als nur reine Nahrungsaufnahme. Das gemeinsame Essen ist auch Teil des Familienlebens und vermittelt Geborgenheit, Sicherheit und Nähe.

In **10 Schritten** zum Besseresser

Der Plan: Das Kind soll gesünder essen. Die Umsetzung: Gar nicht so einfach! Mit diesen Easy-Regeln klappt es vielleicht besser.

1 GESUNDE FAMILIENKÜCHE Die Menge an Kinderlebensmitteln im Handel lässt Eltern glauben, dass Kinder eine spezielle Ernährung benötigen. Doch dem ist nicht so. Die meisten Lebensmittel, die uns Erwachsenen guttun, sind auch für Kinder gesund (ausgenommen z. B. Scharfes oder große Mengen Hülsenfrüchte). Eine ausgewogene Familienküche mit frischen saisonalen Lebensmitteln ist die beste Basis, um kleinen Kindern Lust auf Gesundes zu machen.

2 WIE ERNÄHREN SIE SICH ALS ELTERN? Unterschätzen Sie nicht Ihre Rolle als Vorbild. Essen Sie ausgewogen oder können Sie als Familie Ihre Ernährung noch etwas »optimieren«? Unser Tun bringt oft mehr als viele Worte. Langsam, aber sicher kommt dann auch bei Ihrem Kind der Appetit auf Gesundes – Schritt für Schritt. Im besten Falle ein Leben lang!

3 SO NATÜRLICH WIE MÖGLICH Der Griff zu fertigen Snacks und Mahlzeiten ist verlockend und ab und an auch völlig in Ordnung. Ein Dauermittel in einem eng getakteten Alltag sollten industriell verarbeitete Lebensmittel aber nicht werden. Denn in ihnen stecken viele Zusatzstoffe, zu viel Zucker und Salz, die den Geschmack Ihrer Kinder schon früh prägen. Versuchen Sie einfach, so oft es geht, selbst zu kochen.

Klappt es einmal nicht, geht davon die Welt nicht unter. Wenn es am Einkaufen scheitert, können Sie vielleicht eine Bio-Kiste abonnieren, die wöchentlich zu Ihnen nach Hause geliefert wird. So haben Sie immer eine frische Basis für gesunde Snacks vorrätig.

4 GENIESSEN LERNEN Was der Bauer nicht kennt, isst er nicht? Bei Kindern ist das nicht anders. Beim Ausprobieren neuer Lebensmittel ist daher etwas Tricksen erlaubt. Das Lieblingsgericht Ihres Kindes ist Pasta mit nix? Dann geben Sie einige Erbsen, Tomatenstücke oder einige gehackte Kräuter darunter. Mit Altbewährtem kombiniert, kommt Neues oft besser an. Bleiben Sie geduldig und streichen Sie abgelehntes Gemüse nicht gleich vom Speiseplan. Versuchen Sie es auch mit anderen Varianten: Gebraten aus der Pfanne, roh zum Knabbern, püriert in der Suppe – jedes Kind hat andere Vorlieben.

5 EIN REGENBOGEN AM TAG Sorgen Sie für Abwechslung. Mal Möhren, mal Kürbis, mal Erdbeeren. Kein Lebensmittel bietet uns alle notwendigen Nährstoffe. Nur durch Vielfalt bekommt Ihr Kind seine Extra-Portion Frischkost inklusive Vitaminen, Mineralstoffen und Ballaststoffen. Werden Sie kreativ und denken

Sie auch an Lebensmittel wie Sellerie, Kohlrabi, Blumenkohl oder grüne Bohnen.

6 **LECKER SOLL ES SEIN** Paprika ist gesund. Stimmt, doch für Kinder ist der Begriff »gesund« oft bereits negativ besetzt. Ihr Kind interessiert sich vor allem dafür, ob es schmeckt. Versuchen Sie es also lieber mit »lecker«!

7 **AUF DEN KÖRPER HÖREN** Mit Freude essen geht nur bei guter Stimmung. Und die kommt bestimmt nicht auf, wenn Kinder unter Druck den Teller leeren sollen. Das Entscheidende für eine entspannte Atmosphäre: Ihr Kind kann selber entscheiden, wie viel es isst und wann es satt ist. Kinder haben ein natürliches Hungergefühl. Sie sind beunruhigt, weil Ihr Kind wenig isst? Behalten Sie die Kurve im gelben Untersuchungsheft im Blick. Geht der Trend nach oben? Dann ist alles im grünen Bereich. Ansonsten den Kinderarzt um Rat fragen.

8 **GROBE KÖRNER MÜSSEN NICHT SEIN** Vollkorn ist gesund, aber es müssen keine groben Körner sein. Feines Vollkornmehl kommt bei Kindern meist gut an. Achten Sie mal darauf und fragen Sie ruhig beim Bäcker nach: Dunkler Brotteig ist kein Beweis für Vollkorn, sondern eher dafür, dass färbendes Malz eingesetzt wurde. Echtes Vollkornbrot hat eine hellbraune Farbe.

9 **MITMACHEN** Kräuter abzupfen, Möhren schneiden oder Brote schmieren – liegt alles später auf dem Teller, macht das Kinder stolz. Was Kinder mögen, hängt auch damit zusammen, was sie kennen. Dürfen Kinder beim Einkaufen und Zubereiten helfen, macht das Unbekanntes vertrauter und motiviert – dem Mere-Exposure-Effekt folgend – eher, davon zu naschen. Probieren Sie es aus!

10 **APPETIT ANREGEN** Kinder haben kleine Energiespeicher und sollten regelmäßig essen. Das heißt aber nicht, dass viele Snacks gesund sind. Gibt es zwischendurch Kekse und eine Stunde später steht das Abendessen auf dem Tisch, passt später nicht mehr viel in den Magen. Halten Sie zwischen den Mahlzeiten mindestens zwei bis drei Stunden Pause ein. Optimal für kleine Kinder: Drei Hauptmahlzeiten und zwei möglichst gesunde Zwischenmahlzeiten, z. B. etwas Gemüse-Rohkost oder frisches Obst.

Wie Kinder mit weniger Zucker auskommen

Das richtige Maß bei Süßem finden – so klappt`s

Süß – das ist der erste Geschmack, den Ihr Baby wahrnimmt und meist auch weiterhin gut findet. Süßes liefert viel Energie und ist in der Regel ungiftig; dies war für »Steinzeitkinder« ein klarer Vorteil, um zu überleben.

Heute hat das Zuviel an Zucker leider eher das Gegenteil zur Folge: Die weißen Körnchen sind für Kinder wie auch für Erwachsene der Hauptgrund für Karies, Diabetes und Übergewicht. Dabei ist Zucker in Maßen für die Gesundheit gar nicht problematisch. Doch genau hier liegt das Problem: Die meisten Kinder essen mehr davon, als ihnen guttut. Oft sogar mehr, als uns eigentlich bewusst ist.

Ein Kleinkind sollte nicht mehr als sechs Prozent der täglichen Energiezufuhr durch Zucker decken. Das entspricht etwa drei Teelöffeln Zucker. Tatsächlich aber konsumieren kleine Kinder im Schnitt eine Zuckermenge, die rund acht Teelöffeln Zucker am Tag entspricht. Doch wie holt man als Eltern seine Kinder mit ins Boot, wenn es darum geht, Zucker zu sparen?

Einfache Naschregeln

Ein striktes Verbot macht Süßigkeiten oft nur noch interessanter. Stellen Sie daher lieber mit Ihrem Kind gemeinsam »Naschregeln« auf. Wie die aussehen, können Sie zusammen mit Ihrem Kind festlegen.

Finden Sie heraus, was am besten zu Ihrem Familienalltag passt. Die meisten Kinder kommen damit gut zurecht, solange sie miteinbezogen werden und mitbestimmen dürfen. Empfehlenswert sind z. B. diese vier Regeln:

- » Vormittags wird nicht genascht.
- » Einmal am Tag gibt es etwas Süßes.
- » Vor den Mahlzeiten gibt es keine Süßigkeiten, weil sonst der Hunger fehlt.
- » Es wird bewusst am Tisch genascht und nicht nebenher beim Spielen.

Viele Eltern sind überrascht, wie sehr sich die Menge an Süßem bereits durch das bewusste Essen am Tisch einschränken lässt. Doch was ist eigentlich so ungesund am Zucker?

Zucker komplett meiden?

Zucker liefert uns null Vitamine, Spurenelemente und Mineralstoffe, dafür aber viele Kalorien. Das Schlimmste ist aber, dass durch viel Süßes vollwertige Lebensmittel oft zu kurz kommen. Denn wer sich zwischendurch immer wieder etwas Süßes in den Mund schiebt, ist satt, wenn gesunde Snacks oder Hauptmahlzeiten auf den Tisch kommen.

Zucker komplett zu meiden ist trotzdem nicht nötig. Es kommt auf die Menge ein. Zucker in Maßen ist okay.

Und was, wenn es zu Ostern oder am Nikolaustag gleich ein ganzes Nest oder einen vollen Stiefel an Schokolade, Keksen und Co. gibt? Sammeln Sie alles in einem Schälchen und füllen Sie gemeinsam mit dem Kind kleine Tagesportionen ab, z. B. in kleine Papiertütchen.

Und was ist mit »zuckerfrei«? Süßstoffe wie Aspartam, Acesulfam oder Saccharin liefern keine Kalorien und sie verursachen keine Karies. Trotzdem sind sie keine gesunde Alternative. Je süßer wir essen, desto mehr gewöhnt sich unser Geschmackssinn daran – und wir essen noch mehr Süßes. Das gilt nicht nur für künstliche Süßstoffe, sondern auch für den natürlichen Süßstoff Stevia. Möglicherweise verändern Süßstoffe auch unsere Darmflora negativ. Daher sollten Sie diese, wenn überhaupt, nur sparsam verwenden.

Wachsam sein

Leider sind Süßigkeiten oft gar nicht das Hauptproblem, wenn es um Zucker geht. Für die Industrie ist Zucker ein billiger Geschmacksträger und es wird versucht, seine Verwendung, so gut es geht, zu verschleiern. In vielen Lebensmitteln steckt sehr viel mehr Süße, als uns bewusst ist. Auch da, wo man es nicht erwartet:

» Lesen Sie einmal aufmerksam die Verpackung von Leberwurst, Fertigrotkohl, Müsli, Fruchtjoghurt, Tomatensoße, Ketchup, Tiefkühlgerichten oder Aufstrichen: Versteckter Zucker verbirgt sich hinter allen Bezeichnungen, die auf »-ose« enden (Fruktose, Maltose, Saccharose, Dextrose, Laktose). Alle Zutaten werden in der Reihenfolge ihrer Menge aufgelistet. Je weiter vorne sie aufgeführt sind, desto mehr davon steckt drin.

» Beliebt ist auch der Einsatz unterschiedlicher Zuckerarten in einem Produkt, z. B. der Mix von Glukosesirup und Gerstenmalz. Weil dann von den einzelnen Zuckerzutaten weniger drinsteckt,

rutschen sie weiter nach hinten – trotzdem ist das Lebensmittel nicht weniger süß.

» Sie möchten wissen, wie viel Gramm Zucker in einem Lebensmittel stecken? Auf der Verpackung finden Sie unter der Angabe der Kohlenhydrate oft den Unterpunkt »davon Zucker« mit Grammangabe.

» Um die Zuckermenge kleinzurechnen, gibt die Industrie auch gerne unrealistische Portionsgrößen an.

» »Ohne Zuckerzusatz« kann trotzdem süß sein. Dem Lebensmittel ist dann zwar kein Haushaltszucker oder Honig zugesetzt. Süßstoffe oder Zuckeraustauschstoffe wie Aspartam oder Sorbit sind trotzdem erlaubt.

» Behandeln Sie gesüßte, verarbeitete Produkte als das, was sie eigentlich sind: Süßigkeiten! Wenn Sie es schaffen, den unnötigen Zucker aus Fertigprodukten zu reduzieren, dann dürfen es gerne auch mal ein Schokoriegel oder ein paar Gummibärchen sein.

Unverträglichkeiten: Der Feind im Essen

Laktose, Gluten, Fruktose: Muss ich mir Sorgen machen?

Plötzlich sind da diese Bauchschmerzen oder juckende Stellen auf der Haut. Wenn kleine Kinder unter solchen Beschwerden leiden, vermuten Eltern schnell eine Allergie. Doch Unverträglichkeiten und Allergien kommen bei kleinen Kindern seltener vor, als Eltern meinen.

ALLERGIE ODER INTOLERANZ?

Milchzucker (Laktose), Gluten oder Fruchtzucker lösen keine Allergien aus. Wer auf diese Stoffe reagiert, hat eine Intoleranz, auch »Unverträglichkeit« genannt. Bei einer Allergie reagiert das Immunsystem bereits auf kleinste Mengen bestimmter Nahrungsbestandteile. Bei Intoleranzen steht nicht das Immunsystem im Mittelpunkt, sondern Enzyme oder Transporteiweiße unseres Körpers. Bemerkbar machen sie sich häufig durch ein Zwicken im Bauch oder Durchfall, manchmal durch Kopfschmerzen oder Hautreaktionen. Und nicht immer treten die Beschwerden direkt nach dem Essen auf. Das macht es schwierig, Zusammenhänge eindeutig zu erkennen. Die gute Nachricht: Anders als bei Allergien muss der Auslöser einer Intoleranz nicht komplett gemieden werden. Oft reicht es, die Menge einzuschränken. Konsequentes Meiden kann sogar kontraproduktiv sein, da bei einer Fruchtzucker- oder Laktoseintoleranz die Transporteiweiße bzw. Enzyme sonst ihre Arbeit komplett einstellen. Auch wer grundlos laktosefreie Milch trinkt, kann dadurch eine Laktoseintoleranz erst entwickeln.

ERST DIE DIAGNOSE, DANN WEGLASSEN

Viele Eltern sind davon überzeugt, dass ihre Kinder bestimmte Lebensmittel nicht vertragen. Doch damit man nicht unnötig verzichtet, ist eine Diagnose wichtig.

> Grundsätzlich ist es einfacher, Hinweise auf mögliche Auslöser zu bekommen, wenn Sie selbst frisch kochen. Dann wissen Sie, was in der Mahlzeit enthalten ist.

Viele Ärzte empfehlen eine sogenannte »Eliminationsdiät«, bei der mögliche Auslöser weggelassen werden, um Unverträglichkeiten oder Allergien auf die Spur zu kommen. Bleiben die Beschwerden aus, gibt das Sicherheit. Tasten Sie sich dann langsam an den Auslöser heran, um in etwa die Menge zu identifizieren, die Ihr Kind verträgt.

PLAGT IMMER HÄUFIGER: FRUCHTZUCKER

Fruchtzucker (Fruktose) essen die meisten leider mehr, als ihnen guttut. Denn er ist nicht nur in Früchten enthalten, sondern wird von der Industrie gerne als billige Süße eingesetzt – in Soßen, Joghurts, Getränken, Chips, Rotkohl oder Müsliriegeln. Sie entlarven Fruchtzucker unter den Begriffen »Fruktose«, »Fruktosesirup«, »Maissirup« und auch der gesund gepriesene »Agavendicksaft« enthält reichlich davon. Frisches vitaminreiches Obst ist sicher gesund, doch zu viel Fruchtsaft oder Obstmus führen oft zu Verdauungsproblemen.

Normalerweise gelangt der Fruchtzucker über Transportsysteme vom Darm in unser Blut. Jeder von uns hat eine andere genetische Ausstattung des Darms und nicht jeder verträgt große Mengen an Fruchtzucker, wie sie in vielen Lebensmitteln enthalten sind. Gelangt die Fruktose in den Dickdarm, sind oft Durchfälle und Krämpfe die Folge.

Das hilft: Obst wird besser verdaut, wenn es zusammen mit anderen Lebensmitteln gegessen wird, also z. B. mit etwas Getreide oder nach dem Mittagessen. Auch das Verhältnis von Glukose und Fruktose ist entscheidend: Bananen, Kiwi, Brombeeren und Nektarinen sind besser verträglich als Äpfel, Birnen und Melone. Beim Zuckeraustauschstoff Sorbit sollten Sie ebenfalls vorsichtig sein. Denn Sorbit reduziert die Fähigkeit unseres Körpers, Fruchtzucker aufzunehmen.

GLUTEN ALS BAUCHWEH-URSACHE?

Das Getreideeiweiß Gluten steckt u. a. in Weizen, Dinkel, Roggen und Grünkern. Bei einer schweren Unverträglichkeit, einer Zöliakie, müssen diese tatsächlich strikt gemieden werden. Bei einer Intoleranz sind die Mengen an Gluten, die Beschwerden verursachen, sehr individuell. Neue Studien zeigen: Oft ist es nicht das Gluten im Weizen, warum der Bauch zwickt. Getreide enthält viele schwerer verdauliche Inhaltsstoffe, die beim Ruhen des Teigs abgebaut werden. Das Problem: Schnelles Brot mit Backtriebmitteln bekommt keine Zeit zum Gehen.

Das hilft: Halten Sie Ausschau nach einem Bäcker, der nach traditionellen Methoden backt und Teig länger ruhen lässt. Wenn Sie selber backen, lassen Sie den Brotteig 3 bis 4 Stunden oder über Nacht im Kühlschrank gehen.

LAKTOSE: FÜR BABYS NOCH KEIN PROBLEM

Die Natur hat wohl vorgesehen, dass Babys Milch gut verdauen können und dafür das Enzym Laktase bilden. Wenn Babys keine Milch mehr trinken, geht die Enzymmenge stark zurück. Für 90 Prozent aller Erwachsenen ist die Laktoseintoleranz deshalb der Normalzustand. Fehlt das Enzym, kann unser Darm den in der Milch enthaltenen Milchzucker (Laktose) nicht verdauen – Krämpfe und Durchfall sind möglich. Doch fast alle behalten einen Rest aktiver Enzyme, der gewisse Mengen an Milch verträglich macht. Eine laktosearme Ernährung ist dann völlig ausreichend.

Das hilft: Komplettes Meiden von Milchzucker verstärkt die Intoleranz. Probieren Sie aus, welche Mengen Milch Ihr Kind noch verträgt, um die Verträglichkeit zu erhalten. Vielen Kindern bereitet die Milch weniger Probleme, wenn sie sie zusammen mit anderen Speisen zu sich nehmen, z. B. im Kartoffelbrei. Joghurt und Käse sind von Natur aus so gut wie laktosefrei. Aufpassen bei Fertigprodukten wie Eis, Backwaren, Snacks, Brotaufstrichen oder Schokolade und sogar Wurst. Hier versteckt sich Laktose in Form von Milch- oder Molkenpulver.

In **10 Schritten** zu entspannten Mahlzeiten

Gemeinsam am Tisch sitzen macht nicht nur satt, sondern auch glücklich. Der Esstisch kann aber auch zur Stresszone werden, wenn Kinder ihren ganz eigenen Kopf haben. 10 Tipps, damit Sie das Essen wieder genießen können.

1 Wenn es um feste Essenszeiten geht, lieben Kinder eine gewisse Regelmäßigkeit. Der große Vorteil: Sie schaffen damit Appetit für die Mahlzeiten, auf die es ankommt.

2 Gemeinsame Mahlzeiten sind einfach schön. Zeigen Sie das Ihrem Kind! Essen Sie in entspannter Atmosphäre, ohne dass dabei gespielt, ferngesehen wird oder das Handy im Mittelpunkt steht.

3 Ein klarer Anfang und ein merkbares Ende machen es Kindern leichter zu verstehen: Jetzt wird gegessen und nicht gespielt. Hierfür bieten sich z. B. Tischsprüche an.

4 Mit dem Essen spielt man… doch! Anfassen und riechen sind erlaubt. Ziehen Sie aber eine Grenze, wenn nur noch »rumgematscht« wird.

5 Ein leerer Teller macht mehr Appetit als ein voller. Reichen Sie Ihrem Kind zunächst eine kleine Portion und legen Sie dann lieber noch mal nach, wenn es noch Hunger hat. Sobald es kann, darf es sich gerne auch selber bedienen.

6 Keine Sorge, wenn Ihr Kind einmal nicht so viel isst wie sonst. Die Essensmenge kann von Tag zu Tag sehr unterschiedlich sein.

7 Ihr Kind entscheidet selbst, wie viel es isst. Ein geschlossener Mund ist ein eindeutiges Zeichen, dass Ihr Kind nichts mehr essen möchte.

8 Ihr Kind zum Essen zu ermuntern ist okay. Essen ist aber keine Leistung. Loben Sie Ihr Kind nicht überschwänglich dafür, was und wie viel es isst.

9 Gerade wenn Ihr Kind oft nur wenig isst, fällt es schwer: Bleiben Sie so entspannt wie möglich. Wenn die Stimmung am Tisch kippt, wird Ihr Sprössling erst recht keine Lust aufs Essen haben.

10 Geben Sie Ihrem Kind zu den Mahlzeiten Wasser zu trinken. Kinder, die Süßes lieben, trinken sich sonst schon am Apfelsaft satt.

Gute Besserung, Kleines!

Was tun, wenn Ihr kleiner Sonnenschein quengelig ist und weint, weil das Bäuchlein zwickt oder die Nase läuft? Oft helfen hier schon kleine, altbewährte Hausmittelchen, um Ihrem Kind Linderung zu verschaffen: und natürlich eine Extraportion Liebe und Zuwendung!

Heiße Zitrone

Den Saft einer ½ Zitrone auspressen. 200 ml Wasser erhitzen, nicht aufkochen. Das heiße Wasser mit dem Zitronensaft in einen Becher gießen. 1 Löffel Honig einrühren. Etwas abkühlen lassen – und genießen! Gut für die Abwehrkräfte und bei Erkältungen.

Hühnersuppe mit Nudeln

Ein Bio-Huhn mit 1,2 l Wasser in einen Topf geben. 1 Teelöffel Salz und 3 Stiele Thymian hinzufügen und alles 1 Stunde köcheln lassen. Das Huhn herausnehmen. Das Fleisch von den Knochen schneiden und wieder in die Suppe geben. Ein Bund Suppengrün putzen, klein schneiden und in der Brühe ca. 15 Minuten kochen. 100 g Suppennudeln dazugeben und in der Suppe gar ziehen lassen. Stärkt und hilft bei Infekten.

Holunder-Thymian-Tee

Einen Zweig Thymian in 100 ml Wasser aufkochen und 5 Minuten ziehen lassen. Den Thymian herausnehmen. In einen Becher geben und mit etwa 100 ml Holundersaft auffüllen. Gut bei Erkältungen und Fieber.

Abwehr-kraft-Smoothie

Ein kleines Stück Ingwer (1 cm) schälen und fein reiben. Mit 200 ml Orangensaft, ½ Banane und ½ Kiwi pürieren. In ein Glas füllen – und ganz schnell gesund werden!

Heidelbeertee

1 Teelöffel getrocknete Heidelbeeren (aus der Apotheke) in 250 ml Wasser 10 Minuten kochen. Abkühlen lassen, abseihen und eventuell etwas gesüßt trinken. Die Gerbstoffe in den Heidelbeeren lindern Durchfall.

Bauchweh-Möhrensuppe

Eine Wohltat für Magen und Darm: 500 g Möhren schälen und in Stücke schneiden. Die Möhren in 1 Liter Wasser 60 Minuten kochen. Mit etwas Salz abschmecken und die Suppe fein pürieren.

Ich hab da mal 'ne Frage ...

... was tun mit mäkeligen Essern?

Warum sind Kinder beim Essen so wählerisch?

Ehrlicherweise haben selbst Forscher darauf noch keine endgültige Antwort. Dass Kinder einseitig essen, ist jedoch nicht ungewöhnlich und ein für sie typisches Verhalten. Manche Forscher glauben, dass unsere Instinkte dabei eine Rolle spielen. Was süß ist, kann man meist bedenkenlos essen. Für »Steinzeitkinder«, die Früchte vom Strauch pflückten, war das überlebenswichtig. Viele giftige Pflanzen schmecken dagegen bitter oder herb. Mein Rat: Die Erfahrung zeigt, dass wählerisches Essverhalten phasenweise auftritt – und auch phasenweise wieder vorbei ist. Eine entspannte Haltung ist die halbe Miete. Bleiben Sie geduldig und bieten Sie Ihrem Kind weiterhin gesunde Kost an.

Immer nur Nudeln und Brezel pur – wie wird meine Tochter offener für abwechslungsreiche Kost?

Viele Kinder setzen beim Essen auf das, was sie kennen. Vielleicht weil es nach einem Ess-Experiment mal Bauchweh hatte, als ganz kleines Baby per Sonde ernährt wurde oder weil bei Kindern im Alter zwischen ein und zwei Jahren das Sicherheitsprogramm der Natur greift: Was kleine Kinder nicht kennen, das essen sie nicht. Da hilft nur eins: Nudeln und Brezel sind okay, aber bieten Sie Ihrer Tochter auch immer wieder neue Lebensmittel an. Lassen Sie sie auch beim Zubereiten helfen, das spornt an, das Selbstgemachte doch mal zu probieren.

Das Familienessen schmeckt meiner Tochter nicht. Soll ich extra für sie kochen?

Am besten verfahren Sie nach dieser Methode: Ihre Tochter sollte selbst entscheiden können, ob und wie viel sie essen möchte. Und Sie sorgen für ein abwechslungsreiches Angebot, aus dem sie auswählen kann. Akzeptieren Sie ihre Entscheidung, dass sie nichts oder nur wenig essen möchte. Keine Sorge: Dafür wird sie bei der nächsten Mahlzeit wieder mehr Hunger haben. Es zahlt sich aus, wenn Sie einen bunten Familienspeiseplan haben, denn langfristig gesehen ahmen Kinder das Essverhalten der Eltern nach. Und natürlich darf es auch regelmäßig ihre Lieblingsgerichte geben, aber im Wechsel mit denen der anderen Familienmitglieder und nicht zu jeder Mahlzeit.

Was hilft, wenn mein Sohn nur Spatzenportionen ist? Viele Eltern schätzen die Portionen falsch ein und meinen, ihr Kind müsste mehr essen. Dabei ist der Magen eines Kleinkindes nur so groß wie seine kleine Faust. Weniger kann sogar mehr sein, wenn es sich dabei um nährstoffreiche Lebensmittel handelt. Zwei, drei Bissen Vollkornbrot z. B. liefern Ihrem Kind bereits mehr Vitamine, Mineralstoffe und Ballaststoffe als eine ganze Scheibe Weißbrot. Auch Obst, Gemüse, Nussmus, hochwertige Pflanzenöle, Linsen und anderes Vollkorngetreide liefern Ihrem Sohn konzentrierte Nährstoffe.

Würstchen stehen hoch im Kurs. Was kann ich tun, damit mein Sohn Fleisch auch mal so isst? Mal ein Würstchen schadet sicher nicht, aber in Sachen Nährstoffe ist unverarbeitetes Fleisch deutlich gesünder. Darin steckt wesentlich mehr Eisen und es liefert gesündere Fette. Meist ist es die Konsistenz von Fleisch, die Kinder nicht mögen. Zartes kommt oft besser an. Schmoren Hähnchenkeulen im Ofen oder das Gulasch lange im Topf, wird es besonders zart. Und auch Hackfleisch lässt sich gut kauen.

Meine Tochter mag morgens nicht frühstücken und geht mit leerem Magen in die Kita. Was tun? Manche Kinder haben morgens einfach noch keinen großen Hunger. Dann reicht auch eine Kleinigkeit. Shakes sind häufig ein Zaubermittel: Ein Smoothie, eine warme Milch, ein ungesüßter Kakao – vom Energiegehalt her entsprechen sie einem kleinen Sandwich und je gesünder die Zutaten, desto nährstoffreicher sind sie. Das größere zweite Frühstück gibt es dann etwas später aus der Brotdose.

Mein Sohn könnte jeden Tag Pfannkuchen essen, bei Gemüse wird gemeckert. Wie lassen sich Gemüsemuffel überzeugen? Das geht mit kleinen Tricks: Stellen Sie vor dem Essen und auch zwischendurch immer wieder etwas bunte Rohkost auf den Tisch – sind Kinder hungrig, fischen sie sich heraus, was ihnen schmeckt. Auch Experimentieren hilft: Gemüse können Sie auf viele Arten zubereiten – als Püree, gedünstet oder in Semmelbröseln zu Schnitzelchen paniert. Im Ofen zubereitet schmecken Möhren und Kürbis vielen Kindern besonders gut. Oder servieren Sie Gemüsebeilagen mal in separaten Schüsseln. Denn wer sich selber nehmen darf, greift lieber zu. Wissenschaftler fanden heraus, dass es bis zu zehnmal dauert, bis Kinder probieren. Also immer wieder anbieten und das beste Vorbild sein. Und: Verstecken Sie Gemüse ruhig auch mal in leckeren Soßen, Püree und Suppen. Möhre, Zucchini und Kürbis schmecken sogar in Brot, Brötchen und Kuchen.

Möhren-Spaghetti,
Seite 176

Kleine Gerichte für alle

Brot & Aufstriche

Brötchen-Minis,
Himbeer-Frischkäse-
Aufstrich, Schokostreich,
Seite 104+108

Rosinen-
Scones

Superschnell

🍽 6 Stück 🕐 25 Min.

50 g Butter ▸1 EL flüssiger Honig ▸1 Prise Salz ▸1 Prise Zimt ▸240 g Dinkelmehl Type 1050 ▸1 Päckchen Weinstein-Backpulver ▸70 ml Pflanzendrink ▸4 EL Rosinen ▸1 EL Pflanzendrink zum Bestreichen

/// Die Butter mit Honig, Salz, Zimt, Mehl und Backpulver vermischen. Den Pflanzendrink dazugeben und alles zu einem geschmeidigen Teig verkneten. Die Rosinen unterkneten. /// Den Teig auf einer bemehlten Fläche 3 cm dick ausrollen. Mit einem Glas (etwa 7 cm Ø) kreisrunde Plätzchen ausstechen. /// Die Scones auf ein mit Backpapier belegtes Blech setzen und mit etwas Pflanzendrink bestreichen. Im vorgeheizten Backofen bei 200 °C 15 Minuten backen.

Brötchen-
Minis

Kinder-Liebling

🍽 16 Stück 🕐 75 Min.

400 g Dinkelvollkornmehl ▸1 Päckchen Trockenhefe ▸250 ml lauwarmes Wasser ▸1,5 TL Salz ▸1 TL flüssiger Honig ▸1 EL kalt gepresstes Olivenöl ▸Je 1 EL Sonnenblumenkerne und Leinsamen

/// Das Dinkelvollkornmehl mit Hefe, Wasser, Salz, Honig und Olivenöl in eine Schüssel geben und alles gut verkneten. /// Ein Blech mit Backpapier belegen. Aus dem Teig mit den Händen 12 bis 16 kleine Kugeln formen. Die Brötchen auf das Blech setzen. Wer möchte, kann aus den Brötchen eine Sonne formen. Hierfür mit einem Brötchen in der Mitte beginnen und die übrigen Brötchen rundherum setzen. /// Die Brötchen leicht mit Wasser befeuchten. Die Sonnenblumenkerne und Leinsamen darüberstreuen und leicht andrücken. Etwa 45 Minuten gehen lassen. /// Den Backofen auf 180 °C vorheizen. Die Brötchen im Ofen auf der mittleren Schiene 20 bis 22 Minuten backen.

Kürbis Brötchen

Ohne Ruhezeit

🥐 10 Stück   ⏱ 35 Min.

150 g Kürbispüree (frisch gekocht oder noch aus dem Baby-Vorrat) ›**250 g Speisequark** ›**500 g Dinkelmehl Type 1050** ›**1 TL Weinstein-Backpulver** ›**2 Eier** ›**½ TL Salz**

/// Den Backofen auf 180 °C vorheizen. Ein Backblech mit Backpapier belegen. /// Alle Brötchenzutaten in eine Schüssel geben und gut verkneten. Aus dem Teig 10 Brötchen formen. Wenn der Teig noch klebt, etwas Mehl hinzufügen. /// Die Brötchen im Ofen 25 Minuten backen, bis sie goldbraun sind.

Hasen-Aufstrich

Mit viel Gemüse

🫙 4 Gläser à 250 ml   ⏱ 20 Min.

500 g Möhren ›**300 g säuerliche Äpfel** ›**150 ml Orangensaft** ›**2 EL Zitronensaft** ›**500 g Gelierzucker (2:1)**

/// Die Möhren schälen und fein raspeln oder häckseln. Die Äpfel schälen, vierteln, entkernen und in kleine Stücke schneiden. /// Möhren und Äpfel mit dem Orangen- und dem Zitronensaft in einen Topf geben und 3 Minuten kochen lassen. Mit dem Mixstab fein pürieren oder nach Belieben etwas stückiger lassen. /// Den Gelierzucker hinzufügen und das Püree unter Rühren 4 Minuten sprudelnd kochen lassen. /// Den Aufstrich sofort in saubere Gläser füllen, fest verschrauben und umgedreht abkühlen lassen.

1 Dinkelbrot, 4 Varianten

Ganz ohne Kneten: Einfacher geht's nicht!

Gelingt-immer-Dinkelvollkornbrot

🍞 Für 1 Kastenform

🕐 120 Min.

1 Päckchen Trockenhefe >1 EL flüssiger Honig >500 g Dinkelvollkornmehl >1 TL Apfelessig >1,5 TL Jodsalz >5 EL Haferflocken

/// Den Backofen auf 220 °C vorheizen. /// 450 ml Wasser mit Hefe und Honig in eine Schüssel geben. Mehl, Apfelessig und Salz hinzufügen und alles verrühren. Der Teig bleibt dickflüssig! /// Den Teig 1 Stunde abgedeckt an einem warmen Ort gehen lassen. /// Eine Kastenform (30 cm) mit Backpapier auslegen. Den Teig hineingeben und mit Haferflocken bestreuen. /// Den Teig auf der mittleren Schiene 15 Minuten backen. Die Temperatur auf 200 °C reduzieren und das Brot in 30 Minuten fertigbacken.

Variante 1
Mit Möhre und Walnuss

/// Den Teig wie im Grundrezept erklärt zubereiten. /// Vor dem Gehen 1 geraspelte Möhre und 50 g gehackte Walnüsse unterrühren. /// Das Brot wie beschrieben fertigbacken.

Variante 2
Mit Kürbiskernen

/// Den Teig wie im Grundrezept erklärt zubereiten. /// Vor dem Gehen je 5 EL gehackte Kürbiskerne und Sonnenblumenkerne unterrühren. /// Das Brot 1 Stunde gehen lassen. /// Wie im Grundrezept beschrieben fertigbacken.

Variante 3
Mit Fenchelsaat

/// 1 Teelöffel Fenchelsaat fein hacken oder im Mörser fein mahlen. /// Den Teig wie beschrieben zubereiten und die Fenchelsaat mit verarbeiten. /// Das Brot wie im Grundrezept erklärt fertigbacken. /// Die Fenchelsaat im Brot tut Babys Bäuchlein gut.

Variante 4
Über-Nacht-Brot

/// Den Teig wie im Grundrezept beschrieben zubereiten. /// Gut abdecken und über Nacht im Kühlschrank gehen lassen. /// Am nächsten Tag das Brot wie im Grundrezept beschrieben backen.

Himbeer-Frisch-käse-Aufstrich

Für Obstmuffel

🍽 Für 4 Scheiben Brot   ⏱ 5 Min.

200 g Frischkäse >**1 Handvoll frische Himbeeren (oder aufgetaute TK-Beeren)**

/// Die Himbeeren mit dem Frischkäse zu einem cremigen Aufstrich verrühren. **///** In ein kleines Vorratsglas gefüllt bleibt der Aufstrich im Kühlschrank 3 Tage frisch.

Apfel-Fruchtaufstrich

Natürliche Süße

🍽 2 Gläser à 200 ml   ⏱ 15 Min.

400 g Äpfel >**Saft von 1 Zitrone** >**½ TL Agar-Agar**

/// Die Äpfel vierteln, entkernen und in Stücke schneiden. Mit Zitronensaft und 50 ml Wasser in einen Topf geben und aufkochen lassen. Bei kleiner Hitze 15 Minuten köcheln lassen. **///** Die Äpfel mit einem Mixstab fein pürieren. Das Agar-Agar in das Apfelpüree einrühren und 1 bis 2 Minuten kochen. Sofort in saubere Schraubgläser füllen und für 15 Minuten auf den Kopf stellen. Der Apfel-Fruchtaufstrich hält sich 3 bis 4 Monate.

Schoko-Streich

lecker-fruchtig

🍽 Für 2 Scheiben Brot   ⏱ 5 Min.

1 Banane >**1 TL ungesüßtes Kakaopulver** >**1 EL Haselnussmus (oder Frischkäse)**

/// Die Banane schälen und in Stücke brechen. **///** Mit Kakaopulver und Haselnussmus in ein hohes Gefäß geben und zu einem cremigen Aufstrich pürieren. **///** In ein sauberes Schraubglas gefüllt bleibt der Aufstrich im Kühlschrank 2 Tage frisch.

Wichtige Nährstoffe für Ihr Kind

So ist Ihr Liebling gut versorgt

Einige Nährstoffe sind für die Entwicklung von Babys und Kleinkindern besonders wichtig. Hier finden Sie eine Auswahl an Lebensmitteln, mit denen Sie den speziellen Nährstoffbedarf Ihres Kindes gut abdecken können – auch ohne viel Fleisch auf dem Speiseplan.

EISEN: Babys und Kleinkinder benötigen davon täglich 8 mg. Eisen unterstützt vor allem den Sauerstofftransport im Blut und kräftigt das Immunsystem.

Gute Eisenlieferanten sind:
» Rote Linsen (30 g enthalten 2,5 mg)
» Hirse (100 g enthalten 7 mg)
» Haferflocken (100 g enthalten 5,4 mg
» Spinat/Mangold (100 g enthalten 4 mg)

ZINK: Babys benötigen täglich 2,5 mg, Kleinkinder 3 mg Zink. Der Nährstoff unterstützt die Abwehrkräfte, das Zellwachstum und die Wundheilung.

Gute Zinklieferanten sind:
» Vollkornbrot (1 Scheibe enthält 0,6 mg)
» Bergkäse (1 Scheibe enthält 1,5 mg)
» Erdbeeren (150 g enthalten 0,15 mg)
» Haferflocken (60 g enthalten 2,2 mg)
» Vollkornnudeln (50 g enthalten 1,3 mg)

VITAMIN D: Babys benötigen davon täglich 10, Kleinkinder 20 µg. Vitamin D unterstützt die Abwehrkräfte und sorgt für stabile Knochen.

Gute Vitamin-D-Lieferanten sind:
» Lachs (100 g enthalten 16 µg)
» Eier (1 Ei enthält 3 µg)
» Champignons (100 g enthalten 2 µg)
» Pfifferlinge (100 g enthalten 2 µg)
» Butter (1 EL enthält 0,1 µg)

VITAMIN B_{12}: Babys benötigen täglich 1,4 µg, Kleinkinder 1,5 µg. Das Vitamin ist wichtig für Blutbildung und Zellwachstum.

Gute Vitamin-B_{12}-Lieferanten sind:
» Kuhmilch (150 ml enthalten 0,6 µg)
» Joghurt (150 g enthalten 0,6 µg)
» Ei (1 Ei enthält 1,1 µg)
» Lachs (70 g enthalten 3 µg)
» Gouda (1 Scheibe enthält 0,6 µg)

OMEGA-3-FETTSÄUREN: Babys benötigen täglich 100 mg der Omega-3-Fettsäure DHA, Kleinkinder 250 mg. Von der pflanzlichen Variante ALA, die im Körper zu DHA umgewandelt wird, benötigen Veggie-Babys und -Kleinkinder 1,5 g pro Tag. Omega-3-Fettsäuren sind wichtig für die Entwicklung des Gehirns und der Augen.

Gute Lieferanten sind:
» Lachs (100 g enthalten 1800 mg DHA)
» Seelachs (100 g enthalten 500 mg DHA)
» Leinsamen (1 EL enthält 2 g ALA)
» Rapsöl (1 EL enthält 1,5 g ALA)
» Walnüsse (1 EL enthält 0,7 g ALA)

Kinder-Hummus

Mit pflanzlichem Eisen

🍽 8 Portionen ⏱ 10 Min.

1 Dose Kichererbsen (Abtropfgewicht 265 g) >4 EL Tahin (Sesampaste) >Saft von 1 Zitrone >3-4 EL kalt gepresstes Olivenöl >etwas Salz > etwas Pfeffer >½ TL Paprikapulver

Die Kichererbsen in einem Sieb abbrausen und abtropfen lassen. /// Die Kichererbsen mit Tahin, Zitronensaft und 3 Esslöffeln Olivenöl, Salz und Pfeffer in ein hohes Gefäß geben und mit dem Mixstab zu einem cremigen Aufstrich pürieren. /// Wenn das Hummus noch cremiger werden soll, zusätzlich etwas Olivenöl oder Wasser dazugeben. Danach erneut alles vermischen. /// Hummus in eine Schüssel füllen. Zum Anrichten mit etwas Olivenöl beträufeln und mit Paprikapulver garnieren.

Paprika-Hüttenkäse

Herzhaft

🍽 Für 4 Scheiben Brot ⏱ 5 Min.

100 g Ajvar (milde Paprikapaste) >100 g Hüttenkäse >2 EL gehackte Petersilie

/// Ajvar und Hüttenkäse in ein Schälchen geben und gut miteinander verrühren. Die Petersilie unterrühren. /// Der Paprika-Aufstrich bleibt im Kühlschrank einige Tage frisch.

Avocado-Ricotta-Aufstrich

Gesunde Fette

🍽 Für 4 Scheiben Brot ⏱ 5 Min.

1 Avocado >2 EL Ricotta >etwas Salz > etwas Pfeffer

/// Die Avocado halbieren, den Kern herausnehmen und das Fruchtfleisch herauslöffeln. /// Mit Ricotta und etwas Salz und Pfeffer in eine Schüssel geben. /// Die Mischung mit einer Gabel zu einem feinen Mus zerdrücken und nochmals abschmecken.

Guten Morgen!

Grießbrei mit
Karamell-Banane,
Seite 114

Blaubeer-
Frühstücksshake
Seite 120

113

Erdbeer-Mandel-Joghurt

Ohne Zucker

🍽 2 Portionen ⏱ 10 Min.

300 g Naturjoghurt ›1 EL Mandelmus ›100 g frische Erdbeeren (oder aufgetaute TK-Beeren)

/// Den Naturjoghurt mit dem Mandelmus in eine Schüssel geben und cremig rühren. /// Die Erdbeeren putzen und pürieren. /// Die Erdbeeren und den Naturjoghurt schichtweise in 2 Gläser geben. /// Der Erdbeer-Mandel-Joghurt bleibt im Kühlschrank 2 Tage frisch.

Grießbrei mit Karamell-Banane

Glück zum Löffeln

🍽 1–2 Portionen ⏱ 10 Min.

40 g Dinkelvollkorngrieß ›300 ml Bio-Vollmilch oder Haferdrink ›1 Banane ›1 TL Butter ›1 TL Honig

/// Den Grieß mit der Milch in einen Topf geben und verrühren. Erhitzen, unter Rühren aufkochen und 3 Minuten köcheln lassen. /// Die Banane in Scheiben schneiden. Die Butter in einer Pfanne erhitzen und die Bananenscheiben hineingeben. Den Honig darüberträufeln und die Bananenscheiben 2 Minuten karamellisieren lassen. /// Den Grießbrei und die karamellisierten Bananenscheiben in ein Schälchen geben. Guten Appetit!

 Overnight Oats

Auch für die Brotbox

🥣 2 Portionen 🕐 10 Min. + über Nacht ziehen lassen

1 kleiner Apfel >**75 g zarte Haferflocken** >**100 g Naturjoghurt** >**200 ml Haferdrink** >**1 Prise Zimt**

/// Am Vorabend den Apfel vierteln, entkernen und raspeln. Die Apfelraspel mit den übrigen Zutaten in eine Schüssel geben und miteinander vermengen. Die Mischung in zwei kleine Schraubgläser geben und über Nacht im Kühlschrank durchziehen lassen. /// Die Overnight Oats am Morgen aus dem Kühlschrank nehmen und genießen oder den Kindern für später mitgeben.

 Porridge mit Apfel & Leinsamen

Tut dem Darm gut

🥣 2 Portionen 🕐 10 Min.

200 ml Mandeldrink >**6 EL zarte Haferflocken** >**4 EL geschrotete Leinsamen** >**1 Prise Zimt** >**1 Apfel** >**1 Becher Naturjoghurt**

/// Die Mandeldrink mit Haferflocken, Leinsamen und Zimt in einen Topf geben. Aufkochen und unter Rühren 3 Minuten kochen lassen. /// Das Porridge auf Schälchen verteilen. Den Apfel halbieren, entkernen und raspeln und mit dem Joghurt unter das Porridge rühren.

Blütenpollen-
Müsli

Für die Abwehrkräfte

🍽 1 Portion   ⏱ 10 Min.

3 EL Hirseflocken ➤**100 g Natur- oder Kokos-
joghurt** ➤**1 TL Mandelmus** ➤**100 g Obst der
Saison (z.B. Banane, Apfel, Beeren)** ➤**1 TL
Blütenpollen**

/// Die Hirseflocken mit 50 ml kochendem
Wasser übergießen und 5 Minuten quellen
lassen. /// In der Zwischenzeit den Joghurt mit
dem Mandelmus verrühren, das Obst putzen
und in mundgerechte Stücke schneiden. /// Die
Hirseflocken und das Obst unter den Joghurt
rühren. Mit Blütenpollen bestreuen.

TIPP Blütenpollen bekommen Sie z.B. im
Bio-Markt. Sie sind reich an natürlichen anti-
biotischen Stoffen und gelten als immunstär-
kend – vor allem in der kalten Jahreszeit.

Golden Granola
für den Vorrat

Knusperspaß

🍽 1 Vorratsglas à 500 ml   ⏱ 40 Min.

50 g gehackte Mandeln ➤**200 g zarte Haferflocken** ➤**100 g Buchweizenflocken** ➤**1 Prise
Kurkuma** ➤**¼ TL Zimt** ➤**3 EL Kokosöl** ➤**3 EL
flüssiger Honig** ➤**50 g getrocknete Aprikosen
oder anderes Trockenobst** ➤**50 g gepuffter
Amaranth**

/// Die Mandeln mit den Hafer- und Buchweizenflocken und den Gewürzen in eine Schüssel
geben und vermischen. /// Das Kokosöl in
einem Topf schmelzen. Mit dem Honig unter
die Flockenmischung rühren. /// Die Flockenmischung auf ein mit Backpapier belegtes
Blech geben und im vorgeheizten Backofen bei
160 °C 20 Minuten goldbraun backen. /// Die
Aprikosen in kleine Würfel schneiden. /// Das
abgekühlte Granola mit den Aprikosen und
dem Amaranth mischen und in ein Vorratsglas
füllen.

1 Smoothie, 4 Varianten

Ideal für Kaumuffel – zum Frühstück oder als gesunder Snack

Smoothie für Kinder

Vitamine und Mineralstoffe satt

/// Alle Zutaten im Küchenmixer oder mit dem Mixstab zu einem cremigen Smoothie pürieren. /// Nach Wunsch noch etwas mit Wasser verdünnen – und genießen!

🍽 2 Portionen
🕐 5 Min.

100 g Gemüse (z. B. Avocado, Spinat oder Salat) > 100 g Obst (frisch oder TK, z. B. Erdbeeren, Mango oder Banane) > 1 EL Vollkornflocken, Kleie oder Nüsse > 250 ml Pflanzendrink, Joghurt, Wasser oder Saft

Variante 2
Kokos-Himbeer-Smoothie

/// 200 g Himbeeren (frisch oder TK) mit 1 Esslöffel Hirseflocken, 250 ml Kokosmilch und 1 Esslöffel gehackter Minze pürieren. /// Nach Belieben noch mit etwas Wasser verdünnen.

Variante 1
Avocado-Bananen-Smoothie

/// 1 Avocado schälen und entkernen. Das Fruchtfleisch mit 1 Banane, 1 Esslöffel Haferkleie und 250 ml Apfelsaft pürieren. /// Nach Belieben noch mit etwas Wasser verdünnen.

Variante 3
Spinat-Orangen-Smoothie

/// 1 kleine Handvoll frische Spinatblätter mit 1 Banane, 1 Esslöffel Haferflocken und 250 ml Orangensaft pürieren. /// Nach Belieben noch mit etwas Wasser verdünnen.

Variante 4
Mango-Cashew-Smoothie

/// 1 Handvoll grünen Salat mit dem Fruchtfleisch von 1 kleinen Mango, 1 Esslöffel Haferkleie und 250 ml Cashew-Drink pürieren. /// Nach Belieben noch mit etwas Wasser verdünnen.

Frischer Mandeldrink

Statt Kuhmilch

🍽 700 ml   🕐 15 Min.

100 g Mandeln >**600 ml Wasser**

/// Die Mandeln mit dem Wasser in einen Mixer geben und zu einem feinen Mandeldrink pürieren. /// Den Mandeldrink durch ein feines Sieb filtern.

TIPP Für einen schnellen Mandeldrink können Sie fertiges Mandelmus im Verhältnis 1:6 mixen.

Kürbis-Hafer-Milch

Für Gemüsemuffel

🍽 2 Portionen   🕐 5 Min.

100 g Kürbispüree (vielleicht haben Sie noch einen Rest TK-Babypüree?) >**200 ml Haferdrink** >**1 EL flüssiger Honig oder Reissirup** >**1 Messerspitze Zimt**

/// Alle Zutaten in einen hohen Rührbecher geben und mit dem Mixstab zu einem cremigen Shake pürieren. /// Die Kürbis-Hafer-Milch auf 2 Gläser aufteilen und servieren.

Blaubeer-Frühstücksshake

Für Frühstücksmuffel

🍽 2 Portionen   🕐 5 Min.

1 Banane >**100 g frische oder aufgetaute Blaubeeren** >**200 ml Mandeldrink** >**100 ml Wasser** >**3 EL Haferkleie**

/// Die Banane schälen und in Stücke brechen. /// Banane, Blaubeeren und die übrigen Zutaten in einem hohen Rührbecher mit dem Mixstab zu einem cremigen Shake pürieren.

Mango-Möhren-Saft

Vitaminreich

🍽 4 Portionen   🕐 10 Min.

1 Mango >**1 EL Limettensaft** >**350 ml Möhrensaft** >**nach Belieben 1 TL gehackter Ingwer**

/// Die Mango schälen, das Fruchtfleisch vom Kern schneiden und würfeln. /// Mangowürfel, Limettensaft, Möhrensaft und den Ingwer in ein hohes Gefäß geben und mit dem Mixstab fein pürieren. Bis zum Servieren kaltstellen.

Warmer Kakao

Ohne Zucker

🍽 1 Portion 🕐 5 Min.

200 ml Bio-Vollmilch oder Pflanzendrink ›**1 EL ungesüßtes Kakaopulver oder Carob** ›**1 Prise Zimt** ›**1 Dattel**

/// Die Milch oder den Pflanzendrink in einem Topf erhitzen. Den Kakao und den Zimt dazugeben und mit dem Schneebesen einrühren. /// Die Dattel hacken, hinzufügen und mit alles mit Mixstab fein pürieren. In einen Becher geben – und genießen!

TIPP Ungesüßter Kakao besitzt viele positive Eigenschaften, wenn er nicht mit allzu viel Zucker verarbeitet wird. Das Pulver enthält neben wertvollen Antioxidantien auch Mineralstoffe wie Magnesium.

Eier-Schinken-Muffins

Sonntagsfrühstück

🍽 6 Stück 🕐 30 Min.

Butter zum Fetten ›**12 Scheiben roher Schinken** ›**1 Rolle Pumpernickel** ›**2 EL geriebener Gouda** ›**6 Eier** ›**Salz** ›**Pfeffer**

außerdem
1 Muffinform

/// Den Backofen auf 140 °C vorheizen. 6 Mulden einer Muffinform erst mit Butter fetten, dann mit je 2 Scheiben Schinken auslegen. /// Dann je 1 runde Scheibe Pumpernickel auf den Schinken legen und leicht andrücken. Den geriebenen Gouda gleichmäßig über dem Brot verteilen. /// Nun die Eier nacheinander aufschlagen und in je eine der Mulden gleiten lassen. Mit etwas Salz und Pfeffer würzen. Im Ofen 10 bis 15 Minuten backen, bis das Ei die gewünschte Konsistenz hat.

Häppchen

Zucchini-Frittata,
Seite 125

123

Gemüsesticks
mit 2 Dips

Zum Wegknabbern

🍽 2–4 Portionen   🕐 20 Min.

1 mittelgroße Knolle Kohlrabi ➤2 mittelgroße Möhren ➤½ Gurke ➤1 kleine frische Rote-Bete-Knolle ➤1 gelbe oder rote Paprikaschote

Für die Dips
200 g saure Sahne ➤2 EL Tomatenmark ➤1 EL Apfelsaft ➤2 TL flüssiger Honig oder Reissirup ➤Salz ➤Pfeffer ➤200 g Hüttenkäse ➤3 EL gemischte gehackte Kräuter ➤1 Msp. Curry

/// Das Gemüse putzen, je nach Sorte eventuell schälen und in längliche Stifte bzw. Streifen schneiden. Auf einer großen Platte anrichten. /// Aus saurer Sahne, Tomatenmark, Apfelsaft und Honig einen cremigen Dip rühren. Mit Salz und Pfeffer abschmecken. /// Für den zweiten Dip den Hüttenkäse mit den Kräutern verrühren und mit Currypulver und etwas Salz und Pfeffer abschmecken. /// Die Gemüsesticks mit beiden Dips anrichten – und losknabbern!

Gemüse-Hack-
Bällchen

Für Gemüsemuffel

🍽 15 Stück   🕐 20 Min.

½ rote Paprikaschote ➤1 kleine Möhre ➤2 EL gegarter Mais ➤200 g Rinderhack ➤50 g Magerquark ➤1 EL zarte Haferflocken ➤1 Prise mildes Paprikapulver ➤1 Prise Salz ➤Öl zum Braten

/// Die Paprika putzen und klein würfeln. Die Möhre schälen und raspeln. Mit dem Mais, dem Hackfleisch, dem Quark, den Haferflocken, dem Paprikapulver und dem Salz in eine Schüssel geben und gut miteinander vermengen. /// Aus der Masse kleine Bällchen formen, diese in einer Pfanne im heißen Öl rundherum 10 Minuten braten.

Zucchini-Frittata

Schmeckt auch kalt

🍽 4 Portionen ⏱ 30 Min.

1 kleine Zucchini ‣5 Kirschtomaten
‣6 Eier ‣4 EL Milch oder Pflanzendrink
‣2 EL geriebener Parmesan ‣Salz ‣Muskat ‣2 EL Olivenöl ‣1 EL gehackter Schnittlauch

/// Die Zucchini putzen und in Scheiben schneiden. Die Tomaten halbieren. /// Die Eier zusammen mit der Milch oder dem Pflanzendrink, dem Parmesan und etwas Salz und Muskat verrühren. /// Das Olivenöl in einer großen Pfanne erhitzen und die Zucchinischeiben und die Tomaten darin 3 Minuten andünsten. /// Die Eiermischung darübergeben und bei mittlerer Hitze etwa 5 Minuten stocken lassen. Die Frittata mithilfe eines Tellers wenden und von der anderen Seite ebenfalls etwa 5 Minuten stocken lassen. /// Die Zucchini-Frittata in Würfel schneiden und mit Schnittlauch bestreuen. Genießen!

Amaranth-Blumenkohl

In Knusperpanade

🍽 2 Portionen ⏱ 30 Min.

½ mittelgroßer Blumenkohl ‣4-6 EL Tempuramehl oder Vollkornsemmelbrösel ‣2 EL gepuffter Amaranth ‣4 EL Mehl ‣Olivenöl zum Braten ‣1 Becher (200 g) griechischer Joghurt ‣1 EL Tomatenmark ‣1 EL Apfeldirektsaft ‣Salz ‣Pfeffer

/// Den Blumenkohl halbieren. Den Strunk so herausschneiden, dass die Röschen noch zusammenhalten. Den Blumenkohl in 2 cm dicke Scheiben schneiden. /// Das Tempuramehl nach Packungsanweisung anrühren. Den Amaranth und das Mehl auf zwei flache Teller geben. Den Blumenkohl erst in Mehl, dann in Tempurateig, zuletzt in Amaranth wenden. /// Reichlich Öl in einer großen Pfanne erhitzen. Den Blumenkohl darin bei mittlerer Hitze rundum anbraten. /// Für den Dip den Joghurt mit Tomatenmark, Apfelsaft und etwas Salz und Pfeffer verrühren. Blumenkohl mit Dip servieren.

Gemüse-*Chips*

Zum Wegknabbern

🍽 2 Bleche   ⏱ 50 Min.

2 mittelgroße Kartoffeln ➤**1 mittelgroße Möhre** ➤**1 kleine Knolle Rote Bete** ➤**1 Pastinake** ➤**4 EL Rapsöl** ➤**Salz**

/// Das Gemüse schälen und in sehr dünne Scheiben schneiden. Die Scheiben in einer Schüssel mit dem Rapsöl und etwas Salz mischen. /// Zwei Bleche mit Backpapier belegen. Die Gemüsescheiben darauf verteilen, möglichst ohne dass sie sich überlappen. /// Das Gemüse im vorgeheizten Backofen bei 200 °C etwa 30 Minuten knusprig backen. /// Die Gemüse-Chips aus dem Ofen nehmen und auskühlen lassen.

Mini-Pizza

Kinder-Liebling

🍽 12 Stück   ⏱ 90 Min.

1 Päckchen Trockenhefe ➤**170 g lauwarmes Wasser** ➤**350 g Dinkelvollkornmehl** ➤**½ TL Salz** ➤**3 EL Olivenöl** ➤**etwas Öl zum Fetten**

Für den Belag
200 g passierte Tomaten ➤**100 g Kürbispüree** ➤**2 EL Tomatenmark** ➤**½ TL getrockneter Oregano** ➤**100 g Gemüse, z. B. Mais, Paprika- oder Zucchiniwürfel** ➤**150 g geriebener Gouda oder Mozzarella**

/// Die Trockenhefe mit dem Wasser in eine Schüssel geben, gut verrühren. Mehl, Salz und Olivenöl zur Hefemischung geben und zu einem glatten Teig verkneten. Den Teig zu einer Kugel formen und abgedeckt an einem warmen Ort etwa 1 Stunde gehen lassen, bis sich sein Volumen etwa verdoppelt hat. /// Den Backofen auf 220 °C vorheizen. Den Teig aus der Schüssel nehmen, noch einmal kurz mit den Händen durchkneten, kleine Portionen abteilen, zu ca. 12 Kugeln formen und zu Mini-Pizzen flach auf das eingefettete Blech drücken. /// Die passierten Tomaten mit Kürbispüree, Tomatenmark und Oregano verrühren und auf den Mini-Pizzen verstreichen. Die Pizzen mit Gemüse und Käse bestreuen und im Ofen 10 bis 12 Minuten backen.

Pfannkuchen vom Blech

Schnelles Ofenglück

🍽 4 Portionen   ⏱ 30 Min.

160 g Dinkelmehl Type 1050 ›4 Eier ›300 ml Bio-Vollmilch oder Pflanzendrink ›2 EL Rapsöl ›200 g Sahnejoghurt (oder Speisequark) ›100 g aufgetaute TK-Himbeeren

/// Den Backofen mit Blech auf 220 °C vorheizen. /// Das Mehl mit Eiern und Milch bzw. Pflanzendrink zu einem glatten Teig verrühren. Den Teig 5 Minuten quellen lassen. /// Das heiße Blech mit Backpapier belegen und das Rapsöl darauf verstreichen. Den gesamten Teig daraufgeben und im Ofen 15 bis 20 Minuten backen. /// Die aufgetauten Himbeeren mit dem Joghurt verrühren. Den Pfannkuchen in breite Streifen schneiden. Den Himbeerjoghurt zum Dippen dazu reichen.

Zucchini-Muffins

Natürliche Süße

🍽 12 Muffins   ⏱ 40 Min.

1 Zucchini (200 g) ›1 reife Banane ›200 g Vollkornmehl ›1 TL Weinstein-Backpulver ›80 g Dattelsüße ›75 ml Rapsöl ›¼ TL Zimt ›3 Eier ›100 ml Bio-Vollmilch oder Pflanzendrink

außerdem
12 Muffin-Papierförmchen

/// Die Zucchini grob raspeln. Die Banane mit einer Gabel zu Mus zerdrücken. Beides in eine Schüssel geben und mit Mehl, Backpulver, Dattelsüße, Öl, Zimt, Eiern und Milch bzw. Pflanzendrink zu einem Teig verrühren. /// Eine Muffinform mit Papierförmchen auslegen. Den Teig gleichmäßig auf die Förmchen verteilen und im vorgeheizten Backofen bei 180 °C 35 Minuten backen.

Kinder-Popcorn

Zum Knabbern

🍿 4–6 Portionen   ⏱ 20 Min.

1 EL Kokosöl ▸100 g Popcorn-Mais ▸50 g Butter ▸1 Prise Zimt ▸2 EL Kokosblütenzucker

/// Das Kokosöl in einem großen Topf erhitzen. Den Popcorn-Mais dazugeben und den Deckel schließen. /// Den Topf auf dem Herd lassen, bis alle Körner gepoppt sind. Dabei den Topf etwas hin und her schütteln. /// In der Zwischenzeit die Butter, den Zimt und den Kokosblütenzucker in einen Topf geben, erwärmen und verrühren. /// Die geschmolzene Butter mit dem Popcorn vermengen.

Brösel-Zucchini

In Knusperpanade

🥒 10 Stück   ⏱ 20 Min.

1 Zucchini ▸2 EL Mehl ▸1 verquirltes Ei ▸2-3 EL Vollkornsemmelbrösel ▸2 EL Rapsöl

/// Die Zucchini putzen und schräg in etwas dickere Scheiben schneiden. /// Das Gemüse nacheinander in Mehl, in Ei, dann in Semmelbröseln wenden. /// Die Zucchini in einer Pfanne im heißen Öl in 3 bis 4 Minuten rundherum braun braten.

Bananen-Gespenster

Geht superschnell

🍌 2–3 Portionen   ⏱ 5 Min.

2 Bananen ▸Zartbitter-Schokotropfen

/// Die Bananen schälen und halbieren. Für die Augen und den Mund Schokotropfen in die Hälften hineinstecken. /// Die Bananengespenster mit der Schnittseite nach unten auf einem Teller aufstellen.

Dinkelwaffeln,
Seite 132

Die 4 besten Waffelrezepte

Diese vier Waffelsorten eignen sich perfekt zum Mitnehmen in der Brotzeitbox oder für unterwegs.

Dinkel- *Waffeln* **1**

Ein Lieblingssnack! Der Teig ist blitzschnell gerührt und auch am nächsten Tag schmecken die Waffeln noch super – wenn welche übrig bleiben….

🍽 4 Stück   🕐 35 Min.

200 g Dinkelmehl Type 1050 oder Vollkornmehl ›300 ml Mineralwasser ›2 EL Rapsöl ›4 EL Dattelsüße

/// Alle Zutaten in eine Schüssel geben und vermengen. Den Teig 15 Minuten ruhen lassen. /// Den Teig portionsweise auf ein heißes Waffeleisen geben und nacheinander zu Waffeln backen.

TIPP Es lohnt sich, von diesen leckeren Waffeln gleich die doppelte Menge zuzubereiten, denn sie lassen sich prima einfrieren. Einfach morgens herausnehmen und bis zum Frühstück im Kindergarten sind sie aufgetaut. Wer möchte, kann sie auch kurz im Toaster oder Waffeleisen aufbacken.

Joghurt- *Waffeln* **2**

Lieben Sie es außen knusprig und innen locker? Dann kommen Waffel-Fans hier voll auf ihre Kosten.

🍽 5 Stück   🕐 35 Min.

250 g Dinkelmehl Type 1050 oder Dinkelvollkornmehl ›150 ml Milch oder Pflanzendrink ›125 g griechischer Joghurt ›3 Eier ›1 EL Kokosblütenzucker ›1 EL weiche Butter ›½ TL Weinsteinbackpulver ›1 Prise Salz ›¼ TL Zimt

/// Das Mehl mit Milch bzw. Pflanzendrink, Joghurt, Eiern und den übrigen Zutaten in eine Schüssel geben. /// Mit den Rührstäben eines Handrührgeräts zu einem glatten Teig verrühren. /// Den Teig portionsweise auf ein heißes Waffeleisen geben und nacheinander zu Waffeln backen.

3 Schoko-Waffeln

Schön schokoladig und lange sättigend – der perfekte Snack für zwischendurch. Und dank Mandelmus liefern die Waffeln auch noch eine Extraportion Eisen.

🛎 5 Stück ⏱ 35 Min.

200 g Dinkelmehl Type 1050 oder Dinkelvollkornmehl ›1 EL weiche Butter ›200 ml Bio-Milch oder Pflanzendrink ›1 TL Weinsteinbackpulver ›2 EL ungesüßtes Kakaopulver ›2 Eier ›2 EL Mandelmus ›2 EL Kokosblütenzucker

/// Das Mehl mit der Butter und der Milch bzw. dem Pflanzendrink in eine Schüssel geben und mit den Rührstäben eines Handrührgeräts verrühren. /// Die übrigen Zutaten mit in die Schüssel geben und alles zu einem glatten Teig verrühren. /// Den Teig portionsweise in ein heißes Waffeleisen geben und nacheinander zu Waffeln backen.

Herzhafte Waffeln 4

Belegte Brote kommen nicht so gut an? Dann versuchen Sie es mal mit dieser würzigen Variante. Grüne Kräuter bringen neben gutem Geschmack auch reichlich Mineralstoffe.

🛎 5 Stück ⏱ 35 Min.

80 g weiche Butter ›250 g Dinkelmehl Type 1050 oder Dinkelvollkornmehl ›1 Ei ›250 ml Bio-Milch bzw. Pflanzendrink ›1 gestr. TL Weinsteinbackpulver ›1 Prise Salz ›2 Scheiben Kochschinken ›3 Stiele frische Kräuter, z.B. Petersilie oder Basilikum

/// Die Butter mit dem Dinkelmehl, dem Ei, der Milch bzw. dem Pflanzendrink, dem Backpulver und Salz in eine Schüssel geben. /// Alles mit dem Handrührgerät zu einem glatten Teig verrühren. /// Den Kochschinken klein würfeln. Die Kräuterblätter von den Stielen zupfen und fein hacken. Beides unter den Teig rühren. /// Den Teig portionsweise auf ein heißes Waffeleisen geben und nacheinander zu Waffeln backen.

Löffel-glück

Möhrensuppe
mit Mango,
Seite 136

135

Möhrensuppe
mit Mango

Für die Abwehrkräfte

🍽 4 Portionen 🕐 20 Min.

1 Stück Ingwer (2 cm) ➤**1 Zwiebel** ➤**1 EL Olivenöl** ➤**4 Möhren (400 g)** ➤**1 Mango** ➤**250 ml Kokosmilch** ➤**Salz** ➤**Pfeffer**

/// Den Ingwer und die Zwiebel schälen und fein würfeln. Das Öl in einem Topf erhitzen und die Ingwer- und Zwiebelwürfel darin andünsten. Die Möhren schälen, in Stücke schneiden und hinzufügen. 600 ml Wasser dazugießen und das Gemüse 15 Minuten kochen. /// In der Zwischenzeit die Mango schälen und das Fruchtfleisch vom Kern schneiden. Die Mangostücke mit der Kokosmilch zur Suppe geben und alles mit dem Mixstab fein pürieren. /// Die Möhrensuppe nach Belieben mit etwas Salz und Pfeffer würzen.

Abwehrkraft-Suppe

Tut dem Immunsystem gut

🍽 4 Portionen 🕐 35 Min.

1 Zwiebel ➤**1 Knoblauchzehe** ➤**1 Stück Ingwer (2 cm)** ➤**300 g Süßkartoffeln** ➤**250 g Pastinaken** ➤**1 Bio-Orange** ➤**2 EL Olivenöl** ➤**Salz** ➤**1 TL Currypulver** ➤**1 TL Kurkuma** ➤**800 ml Gemüsebrühe** ➤**4 TL Crème fraîche**

/// Zwiebel, Knoblauch und Ingwer schälen und fein hacken. Süßkartoffeln und Pastinaken schälen und würfeln. /// Die Orange heiß abwaschen und etwas Schale abreiben. Die Frucht halbieren und auspressen. /// Das Öl in einem Topf erhitzen und Zwiebeln, Knoblauch und Ingwer darin andünsten. Süßkartoffel- und Pastinakenwürfel dazugeben und alles weitere 5 Minuten dünsten. /// Das Gemüse mit Orangensaft ablöschen und mit Salz, Currypulver, Orangenschale und Kurkuma würzen. Die Brühe dazugießen und alles 20 Minuten köcheln lassen. /// Die Suppe fein pürieren und mit je 1 Teelöffel Crème fraîche servieren.

Linsen-Tomaten-Suppe

Tut dem Darm gut

4 Portionen   30 Min.

1 Zwiebel >**1 Knoblauchzehe (nach Belieben)** >**1 Stück Ingwer (2 cm)** >**2 Möhren** >**2 EL Olivenöl** >**1 Dose (400 ml) stückige Tomaten** >**150 g rote Linsen** >**800 ml Gemüsebrühe** >**Salz** >**Pfeffer** >**4 TL griechischer Joghurt**

/// Zwiebel, Knoblauch und Ingwer schälen und fein hacken. Die Möhren schälen und klein würfeln. Alles in einem Topf in heißem Öl andünsten. /// Tomaten, Linsen und die Gemüsebrühe hinzufügen und die Suppe 20 Minuten bei kleiner Hitze köcheln lassen. Anschließend mit dem Mixstab nur ganz kurz pürieren. /// Die Suppe in Schälchen geben und mit je einem Klecks Joghurt verfeinern.

Gemüse-Paste

Natürliche Würze

2 kleine Vorratsgläser   10 Min.

1 Möhre >**1 kleine Stange Lauch** >**1 Stück Knollensellerie (200 g)** >**1 Bund glatte Petersilie** >**80 g Salz**

/// Das Gemüse und die Petersilie putzen, waschen bzw. schälen und in Stücke schneiden. /// Mit dem Salz in eine Küchenmaschine oder einen Multizerkleinerer geben und fein zerkleinern. /// Die Paste in zwei kleine Vorratsgläser à 250 ml geben. Im Kühlschrank ist sie 3 bis 4 Wochen haltbar.

TIPP Aus frischem Gemüse und ganz ohne Konservierungsstoffe oder Zusätze: Diese Gemüsepaste ist eine gesunde selbst gemachte Alternative zu fertigem Brühpulver oder Brühwürfeln.

Steckrübentopf,
Seite 140

Die 4 besten Eintöpfe

Da steckt Gutes drin:
Diese Seelenwärmer aus
dem Topf machen nicht nur
kleine Kinder satt
und glücklich.

Risoni- *Topf* 1

Ein Gericht für alle Fälle: Sitzen hungrige Kinder am Tisch, kommt dieser schnelle Hühnertopf mit Nudeln und einer Extraportion Gemüse wie gerufen.

🍽 4 Portionen   ⏱ 30 Min.

300 g Hähnchenbrustfilet ▸1 Möhre ▸1 kleine Zucchini ▸1 kleine Stange Lauch ▸120 g Risoni (Nudeln in Reisform) ▸1 l Gemüsebrühe ▸60 g geriebener Parmesan

/// Das Hähnchenbrustfilet in Streifen schneiden. Die Möhre schälen und raspeln. Die Zucchini in mundgerechte Stücke schneiden. Den Lauch in feine Ringe schneiden. /// Das Gemüse und das Hähnchenfleisch in einen Topf geben, die Gemüsebrühe dazugießen und alles 20 Minuten kochen. Nach 10 Minuten Garzeit die Risoni dazugeben. /// Den Eintopf in Schälchen geben und mit Parmesan bestreuen.

Steckrüben- *Topf* 2

Steckrüben sind ein perfektes Kindergemüse: Sie sind leicht verdaulich, stecken voller Vitamine und Mineralstoffe und ätherische Öle beruhigen den Bauch.

🍽 4 Portionen   ⏱ 40 Min.

1 mittelgroße Zwiebel ▸2 mittelgroße Möhren ▸4 Kartoffeln ▸400 g Steckrübe ▸4 EL Olivenöl ▸50 g Schinkenwürfel ▸1 Prise Fenchelsaat ▸800 ml Gemüsebrühe ▸4 Bratwürstchen

/// Die Zwiebel abziehen und fein würfeln. Die Möhren, die Kartoffeln und die Steckrübe schälen und klein würfeln. /// 2 Esslöffel Olivenöl in einem Topf erhitzen. Die Zwiebelwürfel, das Gemüse und den Schinken andünsten. Die Fenchelsaat und die Brühe dazugeben, alles kurz aufkochen und 20 Minuten köcheln lassen. /// Die Würste im übrigen Öl rundherum anbraten /// Die Suppe mit dem Pürierstab nur einmal ganz kurz durchmixen, damit sie eine leichte Bindung bekommt, aber noch stückig bleibt. /// Die Bratwürstchen in Scheiben schneiden und in die Suppe geben.

3 Nudel-Tomaten-Topf

Köstliches Kraftfutter: Ganz viel Geschmack steckt in diesem aromatischen Eintopf. Und ratzfatz fertig ist er auch.

🍽 4 Portionen   🕐 25 Min.

150 g kleine Vollkornnudeln ›1 Möhre ›1 Stange Staudensellerie ›1 Schalotte ›2 EL Rapsöl ›4 EL Tomatenmark ›1 TL getrockneter Oregano ›800 ml Gemüsebrühe

/// Die Nudeln nach Packungsanweisung kochen. /// Die Möhre schälen und in feine Scheiben schneiden, den Staudensellerie ebenfalls. Die Schalotte abziehen und fein würfeln. /// Das Rapsöl in einem Topf erhitzen und das Gemüse darin andünsten. Das Tomatenmark hinzufügen und kurz mitdünsten. Den Oregano und die Brühe dazugeben und alles 10 Minuten kochen lassen. Die Nudeln untermischen – und genießen!

Blumenkohl-Lachs-Topf 4

Minimaler Aufwand, maximaler Genuss: Der zarte Lachs enthält viele gesunde Fette. Blumenkohl punktet durch sättigende Ballaststoffe.

🍽 4 Portionen   🕐 35 Min.

1 kleine Zwiebel ›2 EL Rapsöl ›1 Blumenkohl ›3 Kartoffeln ›700 ml Gemüsebrühe ›200 g Lachsfilet ›100 ml Sahne ›Muskat

/// Die Zwiebel abziehen, fein würfeln und in einem Topf in 1 Esslöffel Öl andünsten. /// Die Röschen vom Blumenkohl abteilen, den Strunk würfeln. Die Kartoffeln schälen und würfeln. Beides mit in den Topf geben, die Brühe dazugießen und 20 Minuten kochen lassen. /// Das Lachsfilet in Würfel schneiden und in 1 Esslöffel Rapsöl rundherum anbraten. /// Die Sahne zur Suppe geben, alles ganz kurz pürieren, so dass die Suppe noch stückig bleibt, und mit Muskat abschmecken. Die Lachswürfel in die fertige Suppe geben.

1 Suppe, 4 Varianten

So schmeckt Gemüse am allerbesten!

Gemüse-cremesuppe

Vitamine zum Löffeln

🍽 4 Portionen

⏱ 30 Min.

500 g Gemüse >1 Zwiebel >2 EL Rapsöl >½ l Gemüsebrühe (oder Wasser und 1 TL Gemüsepaste >200 g Kokosmilch, Sahne oder saure Sahne >nach Belieben etwas Salz und Pfeffer

/// Das Gemüse putzen bzw. schälen und in Stücke schneiden. Die Zwiebel schälen und klein würfeln. /// In einem Topf im heißen Rapsöl kurz andünsten. /// Die Brühe und 100 ml Kokosmilch oder Sahne dazugießen und 20 Minuten kochen. /// Die übrigen 100 ml Kokosmilch oder Sahne dazugießen und die Suppe mit dem Mixstab fein pürieren. Mit etwas Salz und Pfeffer abschmecken.

Variante 1
Apfel-Petersilien-wurzel-Suppe

/// 250 g Petersilienwurzeln und 3 Kartoffeln schälen und klein schneiden. 1 Apfel vierteln, entkernen und würfeln. /// Alles mit den Zwiebelwürfeln im Öl andünsten. /// Brühe und 100 ml Sahne dazugießen und 20 Minuten kochen lassen. /// Die übrige Sahne dazugeben, die Suppe pürieren und würzen.

Variante 2
Zucchinicremesuppe

/// 400 g Zucchini klein schneiden. 2 Kartoffeln schälen und ebenfalls klein schneiden. /// Mit den Zwiebeln im Öl andünsten. /// Brühe und 100 ml saure Sahne dazugießen und 20 Minuten kochen lassen. /// Die übrige saure Sahne hinzufügen, die Suppe pürieren und mit Muskat würzen.

Variante 3
Kürbis-Ingwer-Suppe

/// 500 g Kürbis entkernen und in Stücke schneiden. /// Mit den Zwiebelwürfeln und 1 Esslöffel gehacktem Ingwer im Öl andünsten. /// Brühe und 100 ml Kokosmilch dazugießen und 20 Minuten kochen lassen. /// Die übrige Kokosmilch dazugeben, die Suppe pürieren und abschmecken.

Variante 4
Sellerie-Kartoffel-Suppe

/// 300 g Sellerie und 3 Kartoffeln schälen und klein schneiden. /// Mit den Zwiebelwürfeln im Öl andünsten. /// Brühe und 100 ml Sahne dazugießen und 20 Minuten kochen lassen. /// Die übrige Sahne dazugießen, die Suppe pürieren und würzen.

Lieblings-salate

Konfettisalat,
Seite 147

Möhrensalat mit
Sonnenblumenkernen

Geht schnell

🍽 4 Portionen 🕐 10 Min.

**6 mittelgroße Möhren ▸3 EL Sonnenblumen-
kerne ▸½ Zitrone ▸1 EL Rapsöl ▸3 EL Naturjoghurt ▸Salz ▸Pfeffer**

/// Die Möhren schälen und raspeln. Mit den
Sonnenblumenkernen in eine Schüssel geben. /// Für das Dressing die Zitronenhälfte
auspressen. Mit Rapsöl, Naturjoghurt und
etwas Salz und Pfeffer verrühren. /// Alles gut
miteinander vermengen – und genießen!

Gurkensalat
mit Lachsstreifen

Mild

🍽 4 Portionen 🕐 15 Min.

**½ Zwiebel ▸100 ml saure Sahne ▸1 Prise
Pfeffer ▸1 TL flüssiger Honig ▸1 TL Apfel-
essig ▸1 EL gehackter Dill ▸2 Gurken ▸1 TL
Salz ▸200 g Räucherlachs in Scheiben**

/// Die Zwiebel abziehen und fein reiben. Mit
der sauren Sahne, Pfeffer, Honig, Apfelessig und
Dill zu einem Dressing verrühren. /// Die Gurken in feine Scheiben hobeln. In ein Sieb geben
und mit dem Salz vermengen. 10 Minuten ziehen lassen, anschließend die Gurkenscheiben
gut ausdrücken. /// Die Gurkenscheiben in eine
Salatschüssel geben und gut mit dem Dressing
vermengen. /// Den Räucherlachs in Streifen
schneiden und in einer Pfanne ohne Öl durch-
braten. Den Gurkensalat mit den Lachsstreifen
anrichten.

Sellerie-Apfel-Salat

Mild-fruchtig

🍽 4 Portionen   🕐 15 Min.

> ½ Knollensellerie ➤ 2 Äpfel ➤ ½ Zitrone
> ➤ 150 ml Sahnejoghurt (oder Sahne) ➤ Salz
> ➤ Pfeffer ➤ 100 g gehackte Walnüsse

/// Den Sellerie schälen und grob raspeln. Die Äpfel entkernen und ebenfalls grob raspeln. Die Zitronenhälfte auspressen. /// Die Sellerie- und Apfelraspel mit dem Zitronensaft und dem Sahnejoghurt vermengen. Mit Salz und Pfeffer abschmecken. Die gehackten Walnüsse dazugeben und alles gut vermengen.

Konfetti-Salat

Vitaminreich

🍽 4 Portionen   🕐 15 Min.

> 1 Apfel ➤ 1 Möhre ➤ 1 frische Rote Bete
> ➤ ¼ Kopf Eisbergsalat ➤ 2–3 EL Natur-
> joghurt ➤ 1 TL Apfelessig ➤ Salz ➤ Pfeffer

/// Den Apfel vierteln, entkernen und raspeln. Die Möhre und die Rote Bete schälen und ebenfalls raspeln. Den Eisbergsalat in feine Streifen schneiden. /// Alles in eine Salatschüssel geben und mit Joghurt und Apfelessig vermengen. Mit Salz und Pfeffer abschmecken.

VARIANTE Schmeckt auch gut mit geraspeltem Käse, klein gehacktem Rotkohl, Gurke und Paprika, Mais, frischen Kräutern oder klein gewürfeltem Hähnchenbrustfilet.

Couscoussalat
mit Granatapfel

Sattmacher

🍽 4 Portionen   ⏱ 15 Min.

150 g Instant-Couscous ▸**1 Gurke** ▸**1 Granatapfel** ▸**2 EL Naturjoghurt** ▸**1 EL Zitronensaft** ▸**3 EL Olivenöl** ▸**2 EL gehackte Minze** ▸**Salz** ▸**Pfeffer**

/// Den Couscous nach Packungsanweisung mit kochendem Wasser übergießen und quellen lassen. /// Die Gurke fein würfeln, aus dem Granatapfel die Kerne lösen. /// Für das Dressing den Joghurt mit Zitronensaft, Olivenöl und gehackter Minze verrühren. /// Den Couscous mit Gurke, Granatapfel und Dressing in eine Schüssel geben. Alles gut miteinander vermengen und mit Salz und Pfeffer abschmecken

Buchweizensalat
mit buntem Gemüse

Reich an Ballaststoffen und Eisen

🍽 4 Portionen   ⏱ 20 Min.

150 g Buchweizenbulgur ▸**Salz** ▸**1 Tomate** ▸**½ Gurke** ▸**2 Möhren** ▸**1 Orange** ▸**2 EL Rapsöl** ▸**2 TL Honig** ▸**1 EL Tahin (Sesammus)** ▸**2 EL gehackte Petersilie** ▸**1 EL Sesamsamen**

/// Den Bulgur nach Packungsanweisung in Salzwasser aufkochen und quellen lassen. /// Die Tomate und die Gurke würfeln. Die Möhren schälen und grob raspeln. /// Für das Dressing die Orange auspressen und mit Öl, Honig und Sesammus verrühren. /// Den Bulgur etwas abkühlen lassen. Mit Gemüse, Dressing und gehackter Petersilie vermischen. Mit Sesam bestreut servieren.

Quinoa-Mais-*Salat*

Glutenfrei • mit pflanzlichem Eisen

🍽 4 Portionen   🕐 30 Min.

120 g Quinoa ›**2 Maiskolben** ›**1 Avocado** ›**100 g Feta** ›**½ Zitrone** ›**5 EL Rapsöl** ›**Salz** ›**Pfeffer**

/// Quinoa nach Packungsanweisung kochen. /// Die Maiskörner mit einem Messer vom Kolben schneiden. In einen Topf geben und 8 bis 10 Minuten kochen. /// In der Zwischenzeit die Avocado halbieren und entkernen. Das Avocadofruchtfleisch aus der Schale lösen und würfeln. /// Den Mais abgießen und mit der Quinoa in eine Salatschüssel geben. Die Avocadowürfel dazugeben und den Feta mit den Händen darüberbröseln. /// Die Zitronenhälfte auspressen. Den Zitronensaft mit dem Öl zum Salat geben. Alles gut miteinander vermengen. Mit etwas Salz und Pfeffer abschmecken – und genießen!

Möhren-*Spaghetti-Salat*

Für Gemüsemuffel

🍽 4 Portionen   🕐 15 Min.

4 große Möhren ›**400 g Putenbrustfilet** ›**3 EL Rapsöl** ›**1 cm Ingwer** ›**100 g Kokosmilch** ›**1 EL Sojasoße** ›**1 TL flüssiger Honig** ›**Pfeffer** ›**nach Belieben einige gehackte Koriander- oder Petersilienblätter**

/// Die Möhren schälen und mit einem Spiralschneider in Streifen schneiden (oder einen Sparschäler verwenden). /// Das Putenbrustfilet klein schneiden. In einer Pfanne im heißen Öl rundherum braun braten. /// Für das Dressing den Ingwer schälen und fein hacken. Zusammen mit der Kokosmilch, der Sojasoße, dem Honig und etwas Pfeffer verrühren. /// Die Möhrenspaghetti mit der Putenbrust in eine Schüssel geben und mit dem Dressing vermengen. Mit Koriander- oder Petersilienblättern bestreuen.

Nudelsalat
mit Joghurt

Für Feste und Picknicks

🍲 4 Portionen 🕐 25 Min.

**250 g kleine Nudeln ›100 g Geflügel-Fleisch-
wurst ›½ Gurke ›100 g Kirschtomaten
›1 kleine Dose (140 g) Mais ›3 EL Naturjoghurt ›1 TL milder Senf ›1 TL Apfelessig ›Salz ›Pfeffer**

/// Die Nudeln nach Packungsanweisung
kochen. Anschließend abgießen und kurz
abkühlen lassen. /// In der Zwischenzeit die
Geflügel-Fleischwurst und die Gurke würfeln,
die Tomaten vierteln. Den Mais in einem Sieb
abgießen. /// Für das Dressing den Joghurt mit
Senf, Apfelessig und etwas Salz und Pfeffer verrühren. /// Alle Salatzutaten in eine Schüssel
geben und gut miteinander vermengen.

Avocado-
Dressing

Vitaminreich

🍲 4 Portionen 🕐 10 Min.

**1 reife Avocado ›1 Handvoll Basilikumblät-
ter ›1 EL Olivenöl ›Saft von 1 Zitrone ›4 EL
Wasser ›Salz ›Pfeffer**

/// Die Avocado halbieren, entkernen und das
Fruchtfleisch aus der Schale lösen. /// Mit
Basilikum, Olivenöl, Zitronensaft, Wasser und
etwas Salz und Pfeffer zu einem cremigen
Dressing pürieren.

Tahin-Zitronen-
Dressing

Mit pflanzlichem Eisen

🍲 4 Portionen 🕐 5 Min.

**1 Zitrone ›2 EL Tahin (Sesammus) ›4 EL
Olivenöl ›Salz ›Pfeffer**

/// Die Zitrone auspressen. Den Zitronensaft
mit Tahin, Olivenöl und etwas Salz und Pfeffer
verrühren. /// In ein Schraubglas gefüllt und
im Kühlschrank aufbewahrt bleibt das Tahin-
Zitronen-Dressing eine Woche frisch.

Snacks für unterwegs

Apfel-Möhren-
Muffins,
Seite 155

Müsliriegel
mit Erdmandeln

Sattmacher

🍽 6 Stück   🕐 30 Min.

**60 g zarte Haferflocken ›25 g Hirseflocken
›25 g Erdmandelflocken ›30 g weiche Butter ›1 Ei ›2 EL Honig (oder Rohzucker)**

/// Die Getreideflocken mit den Erdmandelflocken vermengen. Die Butter, das Ei und den Honig dazugeben und alles gut vermengen. /// Die Masse auf ein mit Backpapier belegtes Blech streichen und im vorgeheizten Backofen bei 170 °C 15 Minuten backen. /// Das Blech aus dem Ofen nehmen und die Müsliplatte etwas auskühlen lassen. Dann mit einem Messer in Riegel schneiden.

TIPP Erdmandeln liefern natürliche Süße und gesunde Ballaststoffe. Man bekommt sie im Bio-Markt oder in der Drogerie.

Müsli-
Bällchen

Kugelweise Energie!

🍽 25 Stück   🕐 20 Min.

100 g gemahlene Mandeln ›100 g Soft-Datteln ›50 g Rosinen ›50 g zarte Haferflocken ›30 g Kokosraspel zum Wälzen

/// Alle Zutaten bis auf die Kokosraspel in einen Küchenmixer geben und sehr fein zerkleinern. /// Aus der Fruchtmasse kleine Kugeln rollen. Falls die Masse sehr trocken ist, zusätzlich einige Tropfen Wasser hinzufügen. /// Die Kokosraspel auf einen Teller geben und die Kugeln darin wälzen. In einer Blechdose aufbewahrt halten sich die Müslikugeln 2 bis 3 Wochen.

TIPP Für Schokokugeln fügen Sie dem Teig 1 Esslöffel ungesüßtes Kakaopulver oder Carobpulver hinzu.

Apfel-Möhren-Muffins

Auch zum Einfrieren geeignet

🥧 12 Stück   🕐 35 Min.

1 Möhre >**1 Apfel** >**60 g (4 EL) Kokosöl** >**2 Eier** >**50 ml Milch bzw. Pflanzendrink** >**50 g flüssiger Honig** >**125 g Dinkelvollkornmehl** >**50 g zarte Haferflocken** >**1 TL Weinstein-Backpulver** >**1 Prise Zimt**

/// Die Möhre schälen und raspeln. Den Apfel entkernen und ebenfalls raspeln. /// Das Kokosöl in einem Topf schmelzen. /// Die Eier in einer Schüssel verquirlen und mit Milch bzw. Pflanzendrink, Honig und dem geschmolzenen Kokosöl verrühren. Mehl, Haferflocken, Backpulver und Zimt dazugeben und unterrühren. /// Möhren- und Apfelraspel unter den Teig heben. /// Ein Muffinblech mit Papierförmchen auslegen und den Teig gleichmäßig auf die Mulden verteilen. Die Muffins im vorgeheizten Backofen bei 200 °C 25 Minuten backen.

TIPP Diese Muffins sind so gesund, dass man sie sogar zum Frühstück vernaschen darf.

Knusper-Cracker

Gesunde Knabberei

🥧 3 Bleche   🕐 80 Min.

200 g Maismehl >**100 g Sonnenblumenkerne** >**100 g Sesam** >**50 g geschrotete Leinsamen** >**50 g Kürbiskerne** >**1 TL Salz** >**80 ml Rapsöl** >**250 ml heißes Wasser**

/// Alle Zutaten in eine Schüssel geben und gut miteinander vermengen. /// Drei Backbleche mit Backpapier auslegen und den Teig darauf verteilen. Eine Lage Backpapier darüberlegen und den Teig mit dem Nudelholz dünn ausrollen. /// Im vorgeheizten Backofen bei 150 °C Umluft 50 bis 60 Minuten backen. /// Die Knusper-Cracker nach dem Abkühlen in Stücke brechen und in einer Blechdose aufbewahren.

TIPP Was zum Knabbern gefällig? Diese Cracker knuspern herrlich – und stecken dank der gesunden Saaten voller Mineralstoffe und Ballaststoffe.

Herzchenbrot,
S. 159

Die 4 besten Ideen für die Brotbox

Wenn sich unterwegs mal der kleine Hunger meldet, ist es immer gut, ein paar leckere und gesunde Snacks dabeizuhaben.

Kinderkeks 1

Hier kann mit gutem Gewissen drauflos geknabbert werden

🔔 25 Stück   🕐 30 Min.

100 g getrocknete Früchte, z.B. Soft-Datteln, Aprikosen oder Äpfel ►20 ml Wasser ►50 g gemahlene Mandeln ►60 g weiche Butter ►150 g Dinkelvollkornmehl ►1 Ei

/// Die Früchte erst mit einem Messer klein hacken, dann mit dem Wasser in einen Multi-zerkleinerer geben und so lange mixen, bis eine cremige Masse entsteht. Das geht auch mit einem Mixstab ganz gut. /// Die Fruchtmasse in einer Schüssel mit den übrigen Zutaten verkneten. Den Teig zwischen zwei Lagen Backpapier ausrollen, für 1 Stunde in den Kühlschrank legen und mit einem Ausstecher Figuren oder Kreise ausstechen. Wenn es schnell gehen muss: Ohne Kühlen und Ausrollen vom Teig einfach mit zwei Teelöffeln kleine Häufchen abstechen und aufs Blech setzen. /// Die Figuren auf ein mit Backpapier belegtes Blech geben und im vorgeheizten Backofen bei 180 °C 7 bis 8 Minuten backen.

Apfelspalten
mit Vanille-Dip 2

Gedippt schmecken Apfel und Co. gleich doppelt gut!

🔔 1 Portion   🕐 10 Min.

1 Apfel ►1 TL Zitronensaft ►100 g Naturjoghurt ►1 Prise gemahlene Vanille aus der Mühle

/// Den Apfel in Spalten schneiden. Die Apfelspalten mit Zitronensaft beträufeln, damit sie nicht braun werden. /// Für den Dip den Naturjoghurt mit der Vanille verrühren. In eine verschließbare Dose füllen und mit den Apfelspalten in die Brotbox geben. Die beste Überraschung für unterwegs!

3 Mandelmus-
Schnecken

Pfannkuchen gehen immer! Aus Vollkorn und mit gesundem Nussmus dürfen sie ruhig öfter in die Brotbox.

🛎 1 Portion   ⏱ 5 Min.

1 Vollkornpfannkuchen vom Vortag (Rezept Seite 199) ›1 EL Mandelmus

/// Den Crêpe mit Mandelmus bestreichen und fest aufrollen. Zu Schnecken schneiden und in die Brotdose geben. Guten Appetit!

TIPP Nussmus als Aufstrich klingt für viele ungewöhnlich, ist aber superlecker! Mandelmus, aber auch Cashew- oder Haselnussmus sind wahre Vitamin- und Mineralstoffbomben – eine Bereicherung gerade auch für wählerische Esser.

Herzchenbrot 4

Diese leckeren Häppchen machen Brotmuffeln Appetit!

🛎 1 Portion   ⏱ 8 Min.

1 Scheibe Vollkornbrot ›¼ rote Paprikaschote (und/oder 1 längliche Scheibe Gurke, 1 Scheibe Kohlrabi) ›1 Scheibe Butterkäse

außerdem
1 Herz-Ausstecher ›Mini-Spieße

/// Mit dem Ausstecher aus dem Brot Herzen ausstechen. Aus der Paprika, der Gurke, dem Kohlrabi und dem Käse ebenfalls. /// Jedes Brotherz mit einem Paprika-, einem Gurken-, einem Kohlrabi- und einem Käseherz belegen und die Herzen aufspießen.

TIPP Aus den Resten können Sie mit etwas Apfelessig und Öl einen leckeren Salat-Snack für abends zubereiten.

Gemüse & Kartoffeln

Sellerieschnitzelchen
mit Stampf, Seite 162

Sellerieschnitzelchen
mit Stampf

Vegetarisch

🍽 4 Portionen 🕐 25 Min.

400 g mehligkochende Kartoffeln ›200 g Möhren ›Salz ›1 Sellerieknolle ›5 EL gemahlene Haselnüsse ›5 EL Vollkorn-Semmelbrösel ›ca. 6 EL Mehl ›2 verquirlte Eier ›5 EL Rapsöl ›100 ml Bio-Vollmilch oder Pflanzendrink ›1 EL Butter ›Muskat ›1 EL gehackte Petersilie

/// Die Kartoffeln und die Möhren schälen und in Stücke schneiden. In kochendem Salzwasser 15 Minuten kochen. /// In der Zwischenzeit den Sellerie schälen und in ½ cm dicke Scheiben schneiden. Die gemahlenen Haselnüsse mit den Semmelbröseln vermischen. Haselnuss-Semmelbrösel-Mischung, Mehl und verquirlte Eier jeweils auf einen Teller geben. /// Die Selleriescheiben zuerst in Mehl, dann in Ei und zuletzt in den Haselnuss-Semmelbröseln wenden. In einer Pfanne im heißen Rapsöl von beiden Seiten braun braten. /// Kartoffeln und Möhren abgießen und mit Milch bzw. Pflanzendrink, Butter und etwas Muskat zu einem cremigen Püree stampfen. Mit Petersilie dekorieren. Die Sellerieschnitzelchen dazu reichen.

Buchweizen-Brokkoli
mit Minz-Joghurt

Glutenfrei

🍽 4 Portionen 🕐 30 Min.

200 g Buchweizen ›Salz ›1 Strunk (400–500 g) Brokkoli ›1 gelbe Paprikaschote ›6 EL Rapsöl ›1 Becher (150 g) griechischer Joghurt ›2 EL gehackte Minze ›1 Prise Kreuzkümmel

/// Den Buchweizen in der doppelten Menge Salzwasser nach Packungsanweisung kochen. /// Den Brokkoli putzen, waschen und in mundgerechte Stücke schneiden. Den Strunk klein würfeln. Strunk und Röschen in kochendem Salzwasser 10 bis 12 Minuten weich garen. /// Die Paprika halbieren, entkernen und klein würfeln. Mit dem abgetropften Brokkoli, dem Buchweizen und dem Rapsöl vermengen. /// Den Joghurt mit der Minze und dem Kreuzkümmel verrühren und dazu reichen.

Gemüse-Pommes mit Ketchup-Dip

Kinder-Liebling

🔔 4 Portionen

🕐 20 Min. + 20 Min. Backzeit

3 Kartoffeln ›**2 große Pastinaken**
›**3 Möhren** ›**1 Rote Bete** ›**2 EL Rapsöl**

Für den Dip

250 g griechischer Joghurt ›**3 EL Tomatenmark** ›**1 EL flüssiger Honig oder Reissirup** ›**2 EL Apfeldirektsaft** ›**Salz** ›**Pfeffer**

/// Kartoffeln und Gemüse schälen und in pommesgroße Stäbchen schneiden. In eine Schüssel geben und mit dem Rapsöl vermengen. Auf ein mit Backpapier belegtes Blech geben und im vorgeheizten Backofen 20 bis 25 Minuten backen. /// Für den Dip den Joghurt mit Tomatenmark, Honig, Apfelsaft und etwas Salz und Pfeffer verrühren. /// Den Ketchup-Dip zu den Gemüse-Pommes reichen.

Gemüse-
Frittata

Vegetarisch

🍽 4 Portionen 🕐 40 Min.

1 Zucchini ➤**150 g Champignons**
➤**1 Möhre** ➤**1 Zwiebel** ➤**2 EL Rapsöl**
➤**6 Eier** ➤**200 ml Milch bzw. Pflanzendrink** ➤**Salz** ➤**Pfeffer** ➤**60 g geriebener
Parmesan**

/// Zucchini und Champignons putzen und klein schneiden. Die Möhre schälen und grob raspeln. Die Zwiebel schälen und fein würfeln. In einer großen Pfanne 1 Esslöffel Öl erhitzen und das Gemüse darin 5 Minuten andünsten. /// Die Eier mit der Milch bzw. dem Pflanzendrink, etwas Salz und Pfeffer und dem Parmesan verrühren. /// Eine flache ofenfeste Form mit Öl fetten. Das Gemüse hineingeben. Die Eiermilch darübergießen. Im vorgeheizten Backofen bei 180 °C in etwa 30 Minuten stocken lassen.

Süßkartoffel-
Taler

Vitaminreich

🍽 4 Portionen 🕐 25 Min.

800 g Süßkartoffeln ➤**300 ml Orangensaft** ➤**Salz** ➤**200 g TK-Erbsen** ➤**70 ml Kokosmilch** ➤**1 EL gehackte Minze**

/// Die Süßkartoffeln schälen und in 1 cm dicke Scheiben schneiden. In Orangensaft mit 1 Prise Salz 10 Minuten kochen. /// In der Zwischenzeit die gefrorenen Erbsen 3 Minuten in wenig Wasser dämpfen. Abgießen und mit der Kokosmilch, der Minze und etwas Salz zu einer cremigen Soße pürieren. /// Die Süßkartoffeln abgießen. Dazu die Erbsensoße reichen.

Pastinaken-Gratin

Sattmacher

🍽 4 Portionen   ⏱ 60 Min.

400 g Pastinaken ›800 g Kartoffeln
›250 ml Kochsahne ›200 ml Bio-Vollmilch
bzw. Pflanzendrink ›2 EL geriebener
Parmesan ›1 Prise Muskat ›1 EL gehackter
Thymian ›Salz ›Pfeffer ›3 EL Vollkorn-
Semmelbrösel ›2 EL gehackte Kürbiskerne

/// Die Pastinaken und die Kartoffeln schälen
und in feine Scheiben hobeln. Die Scheiben in
eine flache ofenfeste Form schichten. /// Sahne,
Milch bzw. Pflanzendrink und Parmesan mit
Muskat, Thymian und etwas Salz und Pfeffer
verrühren und das Gratin damit übergießen. /// Das Gratin im vorgeheizten Backofen
bei 180 °C 35 Minuten backen. Die Semmelbrösel mit den Kürbiskernen vermischen.
Das Gratin damit bestreuen und weitere
10 bis 15 Minuten goldbraun backen.

Ratatouille mit Couscous

Vegetarisch

🍽 4 Portionen   ⏱ 30 Min.

1 Zwiebel ›1 Knoblauchzehe
›1 Zucchini ›je 1 rote und gelbe Paprikaschote ›2 EL Olivenöl ›je 2 Stiele Thymian
und Oregano ›2 Dosen passierte Tomaten
(à 400 g) ›Salz ›Pfeffer ›250 g Couscous

/// Zwiebel und Knoblauch schälen und fein
würfeln. Die Zucchini und die Paprikascho-
ten waschen, putzen und in Scheiben bzw.
Streifen schneiden. /// Das Olivenöl in einem
Topf erhitzen. Zwiebel- und Knoblauchwürfel,
Zucchini und Paprika einige Minuten im heißen
Olivenöl andünsten. /// Die Kräuterblätter von
den Stielen zupfen, abspülen und trocken tupfen. /// Die Tomaten, die Kräuter sowie etwas
Salz und Pfeffer zu dem Gemüse geben und
alles 20 Minuten sanft köcheln lassen. /// Den
Couscous nach Packungsanweisung in Salzwasser zubereiten und mit Ratatouille servieren.

Kürbis-
Pesto

Für Gemüsemuffel

🥫 1 Vorratsglas   🕐 30 Min.

1 EL Kürbiskerne ▸**200 g Hokkaido-Kürbis** ▸**5–6 EL Rapsöl** ▸**50 g geriebener Parmesan** ▸**½ TL Zitronensaft** ▸**Salz** ▸**Pfeffer**

///Die Kürbiskerne in einer Pfanne ohne Fett rösten, bis sie anfangen zu duften. Aus der Pfanne nehmen und abkühlen lassen. ///Kürbisfleisch würfeln und in 1 Esslöffel Öl andünsten. 50 ml Wasser dazugießen und zugedeckt 10 Minuten garen. ///Die Kürbiskerne hacken und mit dem Parmesan, dem Kürbisfleisch und dem Zitronensaft fein zerkleinern. Das übrige Öl unterrühren. Das Pesto mit etwas Salz und Pfeffer abschmecken und in ein Vorratsglas à 300 ml füllen. Im Kühlschrank aufbewahren und innerhalb von 3 Tagen verbrauchen.

DAS PASST DAZU Das Kürbis-Pesto schmeckt gut zu Pasta, aber auch als Brotaufstrich, zu Pellkartoffeln oder Ofengemüse.

Reibekuchen
mit Apfelmus

Kinder-Liebling

🥫 12 Stück   🕐 30 Min.

800 g festkochende Kartoffeln ▸**1 Ei** ▸**2–3 EL zarte Haferflocken** ▸**Salz** ▸**Pfeffer** ▸**geriebene Muskatnuss** ▸**5 EL Öl zum Braten** ▸**1 Glas (360 g) Apfelmark, ungesüßt**

///Die Kartoffeln schälen und auf einer Reibe raspeln. Die Kartoffelraspel mit den Händen gut ausdrücken. ///In eine Schüssel geben und mit Ei, Haferflocken, etwas Salz, Pfeffer und Muskatnuss vermengen. ///Den Backofen auf 180 °C vorheizen. ///Das Öl in einer Pfanne erhitzen und aus dem Teig 16 kleine Reibekuchen backen. Hierfür je 1 Esslöffel Teig in die Pfanne geben, etwas flach drücken und den Reibekuchen von jeder Seite etwa 2 Minuten braun braten. ///Die fertig gebratenen Reibekuchen auf ein mit Backpapier belegtes Blech setzen und im Ofen noch 10 Minuten backen. So werden sie außen knusprig und innen gar. ///Die Reibekuchen mit Apfelmark servieren.

Getreide, Pasta, Reis

Kürbisragout mit Couscous, Seite 171

Grünkern-Bratlinge

Vegetarisch

🍽 4 Portionen   🕐 35 Min.

300 ml Gemüsebrühe ➤**125 Grünkern-schrot** ➤**1 Schalotte** ➤**1 Ei** ➤**Salz** ➤**Pfeffer** ➤**2–3 EL Vollkorn-Semmelbrösel** ➤**Öl zum Braten** ➤**250 g Naturjoghurt** ➤**2 EL gehackte Petersilie**

/// Die Gemüsebrühe aufkochen lassen. Den Grünkernschrot einrühren und bei sanfter Hitze 20 Minuten quellen lassen. /// Die Schalotte fein würfeln und mit dem Ei und etwas Salz und Pfeffer unter den Grünkernschrot rühren. Wenn die Masse noch zu weich ist, Semmelbrösel unterrühren. /// Das Öl in einer Pfanne erhitzen. Aus dem Teig kleine Bratlinge formen und im heißen Öl von jeder Seite etwa 5 Minuten braten. /// Den Joghurt mit Petersilie und etwas Salz und Pfeffer verrühren und als Dip zu den Bratlingen reichen.

VARIANTE Statt einer Schalotte können Sie auch eine geraspelte Möhre unter den Teig rühren.

Polenta-Pizza

Glutenfrei • vegetarisch

🍽 4 Portionen   🕐 45 Min.

200 g Polenta ➤**Salz** ➤**3 EL geriebener Parmesan** ➤**Muskat** ➤**4 TL Butter** ➤**2 Kugeln Mozzarella à 125 g** ➤**300 g Kirschtomaten** ➤**1 Handvoll Basilikumblätter**

/// Zwei Backbleche mit Backpapier belegen. Den Backofen auf 220 °C vorheizen. /// 800 ml Salzwasser aufkochen. Die Polenta unter ständigem Rühren einrieseln lassen. 3 Minuten bei kleiner Hitze köcheln lassen, dabei ständig weiterrühren. Den Parmesan einrühren, mit Muskat würzen. /// Die Polenta auf den Blechen zu 4 kleinen runden Pizzen verstreichen. Die Butter in Flöckchen darauf verteilen. Die Polenta-Pizzen im vorgeheizten Ofen 5 Minuten vorbacken. /// In der Zwischenzeit den Mozzarella in Stücke zupfen und die Kirschtomaten halbieren. /// Die Polenta-Pizzen aus dem Ofen nehmen und mit Mozzarella und Tomaten belegen. Die Pizzen im Ofen weitere 10 bis 12 Minuten backen. Vor dem Servieren mit Basilikum bestreuen.

Kürbisragout

mit Couscous

Zum Löffeln • vegetarisch

🍽 4 Portionen   🕐 30 Min.

1 mittelgroßer Hokkaido-Kürbis ▸**1 kleine
Zwiebel** ▸**2 Zweige Petersilie** ▸**2 EL Raps-
öl** ▸**100 ml Orangensaft** ▸**200 ml Wasser**
▸**Salz** ▸**Pfeffer** ▸**200 g Vollkorn-Couscous**

///Den Hokkaido-Kürbis halbieren, entkernen
und klein würfeln. Die Zwiebel schälen und
würfeln. Petersilienblätter klein schneiden. ///
Zwiebel und Kürbis mit dem Rapsöl in einen
Topf geben und 5 Minuten andünsten. Den
Orangensaft und das Wasser dazugießen und
alles 10 bis 15 Minuten einkochen. Mit etwas
Salz und Pfeffer abschmecken. ///In der Zwischenzeit den Couscous nach Packungsanweisung mit kochendem Salzwasser übergießen
und quellen lassen. ///Das Kürbisragout mit
Petersilie dekorieren und mit dem Couscous
anrichten.

Dinkel-

Käsespätzle

Sattmacher

🍽 4 Portionen   🕐 40 Min.

500 g Dinkelmehl Type 1050 ▸**5 Eier**
▸**½ l Bio-Vollmilch bzw. Pflanzendrink**
▸**1 TL Salz** ▸**200 g Emmentaler**

dazu passt
**ein frischer grüner Salat oder ein Konfetti-
salat (Seite 147)**

///Aus Mehl, Eiern, Milch bzw. Pflanzendrink
und Salz einen zähen Teig rühren. ///In einem
weiten Topf reichlich Wasser zum Kochen bringen. Die Temperatur etwas reduzieren. Dann
den Teig portionsweise durch eine Spätzle-
presse in das siedende Wasser drücken. Sobald
die Spätzle an der Oberfläche schwimmen, mit
einer Schaumkelle herausholen und in einem
Sieb abtropfen lassen. ///Die Spätzle mit dem
geriebenen Emmentaler in eine ofenfeste Form
schichten und im Backofen bei 200 °C 10 Minuten überbacken.

VARIANTE Die Dinkelspätzle können ohne
Käse auch als leckere Beilage zu Fleisch oder
Fisch serviert werden.

Rote-Linsen-
Bolognese,
Seite 174

Die 4 besten Nudelsoßen

Nudeln machen glücklich! Als Krönung finden Sie hier die leckersten Soßen zur Pasta.

1

Möhrencreme

»Superlecker« war die Reaktion unserer Kinder auf diese köstliche Soße. Sie wird mit Möhrengrün verfeinert und liefert viele Nährstoffe.

🍽 Für 4 Portionen   🕐 30 Min.

1 Bund Möhren mit Grün ▸**Salz** ▸**Pfeffer** ▸**1 TL Honig** ▸**100 g Kochsahne**

dazu
z. B. 400 g Dinkelspirelli

///Die Möhren schälen und in Stücke schneiden. In kochendem Salzwasser 10 Minuten kochen. ///Abgießen und mit etwas Salz und Pfeffer, dem Honig und der Kochsahne zu einer cremigen Soße pürieren. Etwas Möhrengrün hacken und in die Soße geben. ///Die Dinkelspirelli nach Packungsanweisung kochen und mit der Möhrencreme genießen.

2

Rote-Linsen-Bolognese

Hier kommt unsere Lieblingssoße: Rote Linsen liefern Veggie-Power und die ganze bunte Gemüsevielfalt steckt auch noch drin.

🍽 4 Portionen   🕐 35 Min.

1 Bund Suppengrün ▸**2 EL Rapsöl** ▸**1 EL Tomatenmark** ▸**2 Dosen (800 g) stückige Tomaten** ▸**100 g rote Linsen** ▸**Salz** ▸**Pfeffer** ▸**1 TL getrockneter Oregano**

dazu
z. B. 400 g Vollkornspaghetti

///Das Suppengrün putzen bzw. schälen und klein würfeln oder im Multizerkleinerer hacken. Das Gemüse in der Pfanne im heißen Rapsöl 3 Minuten andünsten. ///Das Tomatenmark, die stückigen Tomaten und die roten Linsen dazugeben. Mit etwas Salz, Pfeffer und getrocknetem Oregano würzen und alles 15 bis 20 Minuten köcheln lassen. ///Die Spaghetti nach Packungsanweisung kochen und mit der Rote-Linsen-Bolognese genießen.

3 Erbsen-Sahne-Soße

Was gibt es, wenn keiner Lust zum Einkaufen hat? Diese blitzschnelle Pastasoße mit Zutaten aus dem Vorrat.

🔔 4 Portionen 🕐 15 Min.

1 kleine Zwiebel ▸ 2 EL Rapsöl
▸ 200 g TK-Erbsen ▸ 100 ml Gemüsebrühe
▸ 200 ml Sahne oder Kochsahne
▸ 2 EL Mehl ▸ Salz ▸ Muskat

dazu
z. B. Dinkel-Spirelli und geriebener Parmesan

/// Die Zwiebel schälen und würfeln. Das Öl in einem Topf erhitzen und die Zwiebelwürfel darin andünsten. /// Die Erbsen, die Brühe und die Sahne dazugeben und erhitzen. /// Das Mehl mit 4 Esslöffeln heißer Soße glattrühren und unter die Erbsensoße rühren. Einmal aufkochen lassen. Mit Salz und Muskat würzen. /// Die Spirelli nach Packungsanweisung zubereiten und mit der Erbsen-Sahne-Soße und geriebenem Parmesan genießen.

4 Ofentomaten-Soße

Eine einfache Tomatensoße ist etwas Wunderbares. Hier macht der Ofen die Arbeit, dadurch wird sie besonders aromatisch.

🔔 Für 2 Kinder + 2 Erwachsene
🕐 35 Min.

1 kg Tomaten ▸ 1 Zwiebel ▸ 1 EL getrockneter Oregano ▸ 1 EL Olivenöl ▸ 1 Prise Salz

dazu
z. B. 400 g Dinkel-Penne

/// Die Tomaten halbieren und den grünen Strunk herausschneiden. Die Zwiebel schälen und würfeln. /// Tomaten und Zwiebelwürfel in eine ofenfeste Form geben. Den getrockneten Oregano, das Olivenöl und etwas Salz darübergeben. Im vorgeheizten Backofen bei 180 °C 25 bis 30 Minuten schmoren. /// Die Tomaten in ein hohes Gefäß geben und zu einer feinen Soße pürieren. /// Die Dinkel-Penne nach Packungsanweisung zubereiten und mit der Ofentomaten-Soße genießen.

Möhren-Spaghetti

Mit pflanzlichem Eisen

🍽 4 Portionen   🕐 30 Min.

5 Möhren ▸400 g Dinkel-Spaghetti ▸Salz ▸2 EL Rapsöl ▸1 Orange (oder 100 ml Orangensaft) ▸150 g Feta ▸2 EL Sesam

/// Die Möhren schälen und mit einem Sparschäler oder Spiralschneider in Streifen schneiden. Die Nudeln nach Packungsanweisung in Salzwasser kochen. /// Das Rapsöl in einer Pfanne erhitzen. Die Möhren hinzufügen und kurz andünsten. Die Orange auspressen. Den Saft zu den Möhren geben und das Gemüse weitere 2 bis 3 Minuten garen, bis der Saft fast verdampft ist. Die abgegossenen Nudeln zu den Möhren in die Pfanne geben. /// Den Feta zwischen den Fingern darüberbröseln. Die Spaghetti mit Sesam bestreuen – und genießen!

Lasagne mit Soja-Bolognese

Vegetarisch – lässt sich gut aufwärmen

🍽 6 Portionen   🕐 70 Min.

100 g Sojaschnetzel (aus der Drogerie oder dem Bioladen) ▸1 kleine Zwiebel ▸1 Möhre ▸1 kleine Stange Lauch ▸2 EL Olivenöl ▸1 Dose (400 ml) passierte Tomaten ▸1 TL Honig ▸Salz ▸Pfeffer ▸6 EL Butter ▸6 EL Mehl ▸750 ml Bio-Milch ▸1 Prise Muskat ▸12–15 Lasagneblätter (je nach Form) ▸100 g geriebener Parmesan

/// Die Sojaschnetzel in 300 ml Wasser aufkochen. Von der Herdplatte nehmen und 10 Minuten quellen lassen. /// Die Zwiebel, die Möhre und den Lauch putzen. Zwiebel und Möhre fein würfeln, den Lauch in feine Ringe schneiden. Alles in einer Pfanne im heißen Öl 5 Minuten andünsten. /// Die passierten Tomaten, Honig sowie etwas Salz und Pfeffer hinzufügen und die Soße einige Minuten einkochen lassen. Die Sojaschnetzel unter die Soße rühren. /// Für die Béchamelsoße die Butter in einem Topf schmelzen. Das Mehl einrühren. Unter Rühren nach und nach die Milch dazugießen. Aufkochen lassen und dabei weiterrühren, bis eine cremige Soße entsteht. Mit Salz und Muskat würzen. /// Den Backofen auf 180 °C vorheizen. Zuerst eine dünne Schicht Bolognese in eine Auflaufform geben. Lasagneblätter darauflegen. Diese mit einer weiteren Schicht Bolognese bedecken, dann etwas Béchamelsauce darauf verteilen. Weiterschichten, bis alle Zutaten verbraucht sind. /// Mit Béchamelsoße abschließen, Parmesan darüberstreuen und im Ofen 35 bis 40 Minuten backen.

TIPP Wetten, dass hier keinem das Hackfleisch fehlt! Diese Lasagne schmeckt auch am nächsten Tag noch fantastisch.

Brokkoligemüse
mit Naturreis

Ballaststoffreich

🍽 2 Kinder und 2 Erwachsene
⏱ 35 Min.

200 g Naturreis ▸**300 Putenbrustfilet** ▸**4 EL Rapsöl** ▸**200 g Brokkoli** ▸**250 g Kirschtomaten** ▸**Salz** ▸**Pfeffer**

/// Den Naturreis in der doppelten Menge Wasser nach Packungsanweisung kochen. /// Das Putenbrustfilet in mundgerechte Würfel schneiden. In einer großen Pfanne im heißen Rapsöl rundherum anbraten. /// Den Brokkoli in kleine Röschen teilen. In kochendem Salzwasser 8 Minuten garen. Die Kirschtomaten vierteln und mit den abgetropften Brokkoliröschen und dem Naturreis zu den Fleischwürfeln in der Pfanne geben. Alles gut vermengen – und genießen!

Semmelknödel
in Pilzsoße

Kinder-Liebling

🍽 4 Portionen ⏱ 40 Min.

300 g Knödelbrot ▸**150 ml Bio-Vollmilch bzw. Pflanzendrink** ▸**1 kleine Zwiebel** ▸**2 EL Rapsöl** ▸**½ Bund glatte Petersilie** ▸**2 Eier** ▸**Salz** ▸**Pfeffer** ▸**Muskat** ▸**300 g braune Champignons** ▸**300 Sahne oder Kochsahne**

/// Das Knödelbrot mit der Milch bzw. dem Pflanzendrink übergießen und kurz einweichen lassen. Die Zwiebel schälen, fein würfeln und in 1 Esslöffel heißem Rapsöl andünsten. Die Petersilienblättchen von den Stielen zupfen und fein hacken. Die Zwiebeln, die Petersilie, die Eier sowie etwas Salz, Pfeffer und Muskat zum Brot geben und alles gut miteinander vermengen. /// Reichlich Salzwasser in einem großen Topf aufkochen. Aus der Brotmasse kleine Knödel formen und in dem siedendem Wasser 15 Minuten ziehen lassen. /// In der Zwischenzeit die Pilze putzen, in Scheiben schneiden und in 1 Esslöffel Rapsöl anbraten. Die Sahne dazugeben und etwas einkochen lassen. Mit etwas Salz und Pfeffer würzen. /// Die Knödel abgießen und mit der Pilzsoße servieren.

1 Risotto, 4 Varianten

Der Klassiker aus Italien lässt sich nach Lust und Laune variieren.

Grundrezept Risotto

🔔 4 Portionen
⏱ 30 Min.

1 Zwiebel ▸ 3 EL Olivenöl ▸ 250 g Risottoreis ▸ 800–1000 ml Gemüsebrühe ▸ Salz ▸ 2 EL Butter ▸ 100 g geriebener Parmesan

/// Zwiebel abziehen und fein würfeln. In einem Topf mit dem Öl 2 Minuten andünsten. Risottoreis dazugeben und kurz mitdünsten. /// Mit so viel Brühe ablöschen, dass der Reis knapp bedeckt ist. /// Offen bei kleiner Hitze 20 Minuten unter ständigem Rühren köcheln lassen und etwas salzen. Nach und nach die übrige Gemüsebrühe dazugeben. Ist das Risotto gegen Ende der Garzeit zu fest, noch etwas Flüssigkeit hinzufügen. /// Butter und die Hälfte des Parmesans unterrühren. Mit dem restlichen Parmesan bestreuen und sofort servieren.

TIPP Übriges Risotto am nächsten Tag zu Bällchen rollen und in einer Pfanne rundherum anbraten.

Variante 1
Möhren-Paprika-Risotto

/// Die Zwiebel und 1 rote Paprikaschote würfeln und zusammen im Öl andünsten. /// Den Risottoreis kurz mitdünsten. /// Zum Ablöschen 400 ml Möhrensaft mit 400 ml Gemüsebrühe verwenden. /// Das Grundrezept für Risotto wie beschrieben fortführen.

Variante 2
Kürbis-Risotto

/// 400 g Hokkaido-Kürbis entkernen und grob raspeln. /// Die Zwiebel abziehen und fein würfeln. /// Die Kürbisraspel zusammen mit den Zwiebelwürfeln im Öl andünsten. Dann das Risotto wie im Grundrezept beschrieben zubereiten.

Variante 3
Zitronen-Erbsen-Risotto mit Garnelen

/// Das Risotto nach dem Grundrezept zubereiten. /// 10 Minuten vor Ende der Garzeit 200 g TK-Erbsen zum Risotto geben. Wie beschrieben weiter zubereiten. /// 200 g Garnelen in 1 Esslöffel Olivenöl anbraten. /// Das Risotto mit Saft und Schale einer ½ Bio-Zitrone abschmecken und mit den Garnelen anrichten.

Variante 4
Dill-Risotto mit Lachs

/// Das Risotto nach dem Grundrezept wie beschrieben zubereiten. /// 300 g Lachs in Würfel schneiden und in 1 Esslöffel Olivenöl rundherum anbraten. /// Das Risotto statt mit Parmesan mit 3 Esslöffeln Crème fraîche cremig rühren und mit 2 bis 3 Esslöffeln gehacktem Dill abschmecken. /// Mit den Lachswürfeln anrichten.

Blitz-rezepte

Zoodles mit Lachs,
Seite 183

Bunter Couscous

Vitaminreich

🍽 2 Kinder + 2 Erwachsene
🕐 15 Min.

200 g Couscous ▸Salz ▸1 Zucchini ▸2 Handvoll Kirschtomaten ▸4 EL Rapsöl ▸1 Glas Kichererbsen (220 g Abtropfgewicht) **▸Saft von ½ Zitrone ▸2 EL gehackte Petersilie**

/// Den Couscous nach Packungsanweisung mit kochendem Salzwasser übergießen und quellen lassen. /// Die Zucchini putzen und würfeln. Die Kirschtomaten vierteln. /// Das Gemüse in einer Pfanne im heißen Rapsöl andünsten. /// Die Kichererbsen abgießen. Mit dem Couscous in die Pfanne geben und alles vermischen. Mit Zitronensaft und Petersilie würzen.

Putenpfanne mit Ananas

Asiatisch

🍽 4 Portionen 🕐 20 Min.

400 g Putenbrustfilet ▸1 kleine Zwiebel ▸2 rote Paprika ▸½ Ananas ▸2 EL Rapsöl ▸5 EL Erdnussbutter ▸4 EL Kokosmilch ▸Salz ▸Pfeffer ▸1 Körnerbaguette

/// Das Putenbrustfilet in Würfel schneiden. Die Zwiebel schälen und klein würfeln. Die Paprika halbieren, entkernen und in Stücke schneiden. Die Ananas schälen und das Fruchtfleisch in Stücke schneiden. /// Das Rapsöl in einer Pfanne erhitzen. Die Putenwürfel darin rundherum braun braten. Zwiebeln, Paprika und Ananas dazugeben und alles 5 bis 8 Minuten dünsten. /// Für die Soße die Erdnussbutter mit der Kokosmilch verrühren und mit Salz und Pfeffer würzen. /// Die Putenpfanne mit Erdnuss-Kokos-Soße und Baguette anrichten.

Bratnudeln
mit Ei

Nudelglück

🍴 2 Kinder + 2 Erwachsene
🕐 20 Min.

250 g Mi-Nudeln >**2 TL Sesam** >**je 1 rote und 1 grüne Paprikaschote** >**1 Lauchzwiebel** >**1 EL Sojasoße** >**1 EL Sesamöl** >**4 Bio-Eier**

/// Die Nudeln nach Packungsanweisung mit kochendem Wasser überbrühen, dann abtropfen lassen. Den Sesam in einer Pfanne ohne Fett 1 bis 2 Minuten goldbraun rösten und beiseitestellen. /// Die Paprika halbieren, entkernen und in kleine Stücke schneiden. Die Lauchzwiebel putzen und in Ringe schneiden. /// Das Öl in einer Pfanne erhitzen. Nudeln, Paprika und Lauchzwiebeln darin unter Rühren 5 Minuten braten. Die Eier in die Pfanne geben und unter ständigem Rühren stocken lassen. /// Die Bratnudeln mit geröstetem Sesam bestreuen und servieren.

Zoodles
mit Lachs

Gesunde Fette

🍴 2 Kinder + 2 Erwachsene
🕐 20 Min.

150 g Bandnudeln >**Salz** >**1 Zucchini** >**150 g Räucherlachs in Scheiben** >**2 EL Raps-öl** >**150 g Crème fraîche** >**2 EL TK-Dill**

/// Die Bandnudeln nach Packungsanweisung in kochendem Salzwasser garen. /// Die Zucchini putzen und mit dem Spiralschneider in Spiralen schneiden. Den Räucherlachs in Streifen schneiden. /// Den Lachs in einer Pfanne im heißen Öl 2 Minuten braten. /// Die Bandnudeln in einem Sieb abtropfen lassen. Die Zucchinispiralen mit den Bandnudeln, Crème fraîche und Dill in die Pfanne geben und alles gut vermengen.

Hack-Möhren-Pasta

Kinder-Liebling

🍽 4 Portionen 🕐 20 Min.

350 g Vollkornnudeln ➤**4 Möhren** ➤**1 kleine Zwiebel** ➤**400 g Rinderhackfleisch** ➤**2 EL Rapsöl** ➤**150 ml Sahne** ➤**60 g geriebener Parmesan**

///Die Nudeln nach Packungsanweisung in kochendem Salzwasser garen. Die Möhren schälen, schräg in ½ cm dicke Scheiben schneiden und 5 Minuten mitgaren. ///Die Zwiebel schälen und klein würfeln. ///Das Hack mit den Zwiebelwürfeln in einer Pfanne im heißen Öl krümelig braten. Die Sahne dazugießen und den Parmesan untermischen. ///Die Nudeln abgießen, dabei 50 ml Nudelwasser auffangen. Beides in die Fleischsoße geben – und fertig!

Mildes Kokos-Curry

Sattmacher

🍽 4 Portionen 🕐 20 Min.

200 g Basmatireis ➤**1 Zwiebel** ➤**2 Möhren** ➤**250 g Rinderfilet** ➤**2 EL Kokosöl** ➤**1 TL mildes Currypulver** ➤**200 ml Kokosmilch** ➤**200 g TK-Erbsen** ➤**1 EL Sojasoße**

///Den Reis in 200 ml Wasser nach Packungsanweisung kochen. ///Die Zwiebel schälen und fein würfeln. Die Möhren schälen und in dünne Scheiben schneiden. Das Rinderfilet in dünne Streifen schneiden. ///Das Kokosöl in einer Pfanne erhitzen. Das Fleisch dazugeben und rundherum anbraten. Zwiebelwürfel, Möhren und Currypulver hinzufügen und alles 3 Minuten andünsten. Die Kokosmilch und die Erbsen dazugeben und alles 5 Minuten einkochen lassen. ///Das Rindfleisch-Curry mit Sojasoße abschmecken. Den Basmatireis dazu reichen.

Kaiserschmarrn
mit Apfelmus

Ohne Kuhmilch

🍽 4 Portionen   🕐 20 Min.

4 Eier ➤4 EL zarte Haferflocken ➤250 g Dinkelvollkornmehl ➤200 ml Haferdrink ➤2 EL Butter ➤1 Glas (460 ml) ungesüßtes Apfelmus

/// Die Eier trennen. Die Eigelbe mit den Haferflocken, dem Mehl und dem Haferdrink verrühren und kurz quellen lassen. /// In der Zwischenzeit das Eiweiß steif schlagen und unter den Teig heben. /// Die Butter in einer großen Pfanne erhitzen und den Teig hineingeben. Bei mittlerer Hitze 5 Minuten braten. Den Pfannkuchen wenden und weitere 5 Minuten braten. /// Den Pfannkuchen mit einem Pfannenwender zerteilen und von allen Seiten weitere 2 Minuten braten. /// Den Kaiserschmarrn mit Apfelmus servieren.

Apfel-Nudel-Salat

Mit Vollkorn

🍽 4 Portionen   🕐 20 Min.

250 g Vollkornnudeln ➤1 Apfel ➤3 Scheiben Emmentaler ➤2 gekochte Eier ➤1 kleine Dose (140 g) Mais ➤200 g griechischer Joghurt ➤1 TL Apfelessig ➤Salz ➤Pfeffer

/// Nudeln nach Packungsanweisung kochen. /// Apfel schälen, entkernen und würfeln. Käse würfeln. Eier vierteln. /// Nudeln mit Apfel, Käse, Mais und übrigen Zutaten vermengen. Salzen und pfeffern.

Milch-Nudeln

Löffelweise Glück

🍽 2–3 Portionen   🕐 20 Min.

600 ml Bio-Vollmilch bzw. Pflanzendrink ➤1 Päckchen Vanillezucker ➤2 Äpfel ➤150 g Dinkel-Spirelli

/// Milch und Vanillezucker in einem Topf aufkochen. /// Äpfel vierteln, entkernen und zerkleinern. /// Nudeln und Apfelstücke zur Milch geben und ohne Deckel 10 Minuten köcheln lassen.

Fleisch & Fisch

Frikassee mit
Huhn,
Seite 193

Pasta Bolognese

Kinder-Liebling

🍽 4 Portionen 🕐 35 Min.

500 g Rinderhackfleisch ➤**3 EL Olivenöl**
➤**1 Bund Suppengrün** ➤**1 EL Tomatenmark** ➤**800 g stückige Tomaten** ➤**Salz**
➤**Pfeffer** ➤**1 TL getrockneter Oregano**
➤**400 g Vollkornnudeln**

/// Das Hackfleisch in einer großen Pfanne im
heißen Öl krümelig braten. Das Suppengrün
putzen bzw. schälen und klein schneiden oder
im Multizerkleinerer hacken. Das Gemüse mit
in die Pfanne geben und 3 Minuten andünsten.
Das Tomatenmark, die stückigen Tomaten,
etwas Salz und Pfeffer und Oregano hinzufügen
und alles 15 Minuten köcheln lassen. /// In der
Zwischenzeit die Nudeln in kochendem Salzwasser nach Packungsanweisung garen. Mit der
Bolognese-Soße servieren.

Köttbullar mit Kartoffelstampf

Schwedisches Pfannenglück

🍽 4 Portionen 🕐 60 Min.

1 kg mehligkochende Kartoffeln ➤**500 g
Rinderhack** ➤**1 kleine Zwiebel** ➤**100 Voll-
korn-Semmelbrösel** ➤**4 EL Bio-Milch bzw.
Pflanzendrink** ➤**1 Ei** ➤**Salz** ➤**Pfeffer** ➤**2 EL
Rapsöl** ➤**150–200 ml Bio-Milch bzw. Pflan-
zendrink** ➤**4 EL Butter** ➤**1 Prise Salz**

/// Die Kartoffeln schälen, in Stücke schneiden
und in kochendem Salzwasser 20 Minuten gar
kochen. /// Für die Köttbullar das Hackfleisch
in eine Schüssel geben. Die Zwiebel sehr fein
hacken und zum Hack geben. Semmelbrösel,
Milch bzw. Pflanzendrink und Ei hinzufügen.
Alles zu einem glatten Teig verarbeiten und
mit Salz und Pfeffer würzen. /// Aus dem Teig
kleine Bällchen formen. Die Köttbullar in einer
Pfanne im heißen Öl von allen Seiten braun
braten. /// Das Kartoffelwasser abgießen. Die
Milch bzw. den Pflanzendrink und die Butter
zu den Kartoffeln geben. Mit einer Prise Salz
würzen und mit dem Kartoffelstampfer zu
einem cremigen Mus stampfen. /// Den Kartof-
felstampf mit Köttbullar auf Tellern anrichten.

Hähnchen-*Wraps*

Jeder nach seinem Geschmack

🍽 4 Portionen   🕐 60 Min.

2 Hähnchenbrustfilets ➤**1 EL Rapsöl**
➤**1 Paprika** ➤**½ Eisbergsalat** ➤**1 kleine
Dose (140 g) Mais** ➤**1 Avocado** ➤**Salz** ➤**Pfeffer** ➤**150 g Joghurt-Frischkäse** ➤**4 Tortillas
(siehe Rezept rechte Spalte)**

/// Die Hähnchenbrustfilets in Streifen schneiden. In einer Pfanne im heißen Rapsöl rundherum braun braten. /// Die Paprika halbieren,
entkernen und in feine Streifen schneiden. Den
Eisbergsalat ebenfalls in feine Streifen schneiden. Den Mais abgießen. Die Avocado halbieren
und den Kern herauslösen. Das Fruchtfleisch
mit einer Gabel fein zerdrücken und mit etwas
Salz und Pfeffer würzen. Den Joghurt-Frischkäse mit Salz und Pfeffer würzen. /// Die Tortillas
im Ofen erwärmen. Mit Frischkäse bestreichen
und mit Hähnchen, Salat und Gemüse belegen.
Etwas Avocado dazugeben und die Tortillas
aufrollen. Zum Mitnehmen fest in Folie wickeln.

Tortillas *selbst gemacht*

Mit Vollkorn

🍽 6 Stück   🕐 65 Min.

250 g Dinkelvollkornmehl ➤**1 TL Salz**
➤**1 TL Backpulver** ➤**4 EL Rapsöl** ➤**etwas Öl
zum Braten**

/// Für die Vollkornfladen das Mehl in eine
Schüssel geben. Salz, Backpulver, Öl und 150 ml
lauwarmes Wasser dazugeben und verrühren.
Den Teig so lange kneten, bis er nicht mehr
klebt, dabei eventuell noch etwas Mehl dazugeben. Zugedeckt 30 Minuten ruhen lassen. ///
Den Teig in sechs Teile teilen und zu Kugeln
formen. Diese auf einer bemehlten Fläche zu
dünnen Fladen ausrollen. /// Die Tortillas in
einer Pfanne in sehr wenig Öl (in einer be-
schichteten Pfanne geht es auch ohne Öl) von
beiden Seiten backen, bis sie leicht gebräunt
sind, Dabei aufpassen, dass sie nicht brechen.
Die entstandenen Blasen mit einem Pfannenwender flach drücken. /// Nach dem Backen
am besten in ein feuchtes Küchentuch wickeln,
damit sie weich bleiben.

TIPP Tortilla-Fladen lassen sich vielseitig
einsetzen: Sie schmecken mit Fisch, mit Fleisch
oder auch vegetarisch mit Gemüse und Käse –
jeder belegt sie so, wie er mag!

1 Grundrezept
4 Varianten

Lieblings-gerichte für die ganze Familie!

Geschnetzeltes

🍲 4 Portionen

🕐 30 Min.

400 g Putenbrustfilet
> 1 Lauchzwiebel > 1 EL Olivenöl > 1 EL Soja-soße > Pfeffer > 300 g Schlagsahne

/// Das Putenbrustfilet in Streifen schneiden. Die Lauch-zwiebel putzen, waschen und in etwa 1 cm breite schräge Ringe schneiden. /// Das Öl in einer Pfanne erhitzen und das Fleisch darin rundherum anbraten. Mit Sojasoße ablöschen. Die Lauchzwiebeln dazugeben und kurz mitbraten. /// Mit etwas Pfeffer würzen. Die Sahne hinzufügen und alles einige Minuten einkochen lassen. /// Dazu passen Reis, gegarter Dinkel oder Spätzle.

Variante *1*
Gemüse-Geschnetzeltes

/// 1 Handvoll Brokkoliröschen waschen und in mundgerechte Stücke schneiden. /// Mit der Sahne zum Fleisch in die Pfanne geben und alles etwa 6 Minuten köcheln lassen. /// 1 Möhre raspeln, in die Pfanne geben. Kurz ziehen lassen und servieren.

Variante *2*
Apfel-Erbsen-Geschnetzeltes

/// 1 Apfel schälen, entkernen, in Stücke schneiden und mit den Lauchzwiebeln zu dem Fleisch in die Pfanne geben. Kurz mitbraten. /// 250 ml Sahne und 50 ml Apfelsaft sowie 150 g TK-Erbsen hinzufügen und alles einige Minuten einkochen lassen.

Variante *3*
Puten-Kokos-Curry

/// 1 Teelöffel Curry zu Fleisch und Lauchzwiebeln in die Pfanne geben und kurz mitdünsten. /// 1 Paprika in Streifen schneiden, dazugeben und 2 Minuten mitbraten. /// Statt Sahne 1 Dose Kokosmilch (400 ml) dazugeben und alles einige Minuten einkochen.

Variante *4*
Zürcher Geschnetzeltes

/// 250 g Champignons putzen, vierteln und mit den Lauchzwiebeln zu dem Fleisch in die Pfanne geben. Kurz mitbraten. /// Sahne hinzufügen, einige Minuten köcheln lassen. /// Mit 2 Esslöffeln gehackter Petersilie bestreuen und servieren.

Hähnchen-Nuggets mit Möhrenreis

Gesunde Variante des Klassikers

🍽 4 Portionen 🕐 35 Min.

200 g Naturreis ➤**2 Hähnchenbrust-filets** ➤**4 EL Mehl** ➤**2 verquirlte Eier** ➤**6–8 EL Vollkorn-Semmelbrösel** ➤**2 EL Rapsöl** ➤**2 Möhren** ➤**2 EL Butter**

/// Den Reis in der doppelten Menge an Wasser nach Packungsanweisung kochen. /// Die Hähnchenbrustfilets in 1 cm dicke Scheiben schneiden. Erst in Mehl, dann in Ei und zuletzt in den Semmelbröseln wenden. In einer Pfanne in dem heißen Rapsöl rundherum braun braten. /// Die Möhren schälen und raspeln. Mit dem abgetropften Reis und der Butter vermengen. Den Möhrenreis zu den Hähnchen-Nuggets reichen.

TIPP Dazu passt ein Minz-Joghurt: Dafür 1 Becher griechischen Joghurt mit 3 Esslöffeln gehackter Minze und 1 Prise Kreuzkümmel verrühren.

Schnitzelchen mit Bratkartoffeln

Die schmecken Groß und Klein

🍽 4 Portionen 🕐 20 Min.

800 g gegarte Pellkartoffeln vom Vortag ➤**2 EL Rapsöl** ➤**Salz** ➤**Pfeffer** ➤**350 g Kalbsschnitzel (vom Metzger flachklopfen lassen)** ➤**50 g Mehl** ➤**2 verquirlte Eier** ➤**6–7 EL Vollkorn-Semmelbrösel** ➤**2 EL Butterschmalz zum Ausbacken**

/// Die Kartoffeln pellen und in Scheiben schneiden. In einer Pfanne im heißen Rapsöl knusprig braten. Mit Salz und Pfeffer würzen. /// Das Schnitzel in 4 Stücke schneiden. Diese erst in Mehl, dann in Ei und zuletzt in den Semmelbröseln wenden. /// Das Butterschmalz in einer großen Pfanne zerlassen und die Schnitzel darin bei mittlerer Hitze goldbraun backen. Die Bratkartoffeln zu den Schnitzeln reichen.

Frikassee mit Huhn

Kinder-Liebling

🍽 4 Portionen ⏱ 60 Min.

2 Hähnchenbrustfilets (600 g) ›**Salz** ›**200 g Wildreismischung** ›**2 EL Butter** ›**2 EL Mehl** ›**1 Glas Spargel (180 g Abtropfgewicht)** ›**150 g TK-Erbsen** ›**200 ml Kochsahne** ›**Muskat** ›**1–2 TL Zitronensaft**

/// Die Hähnchenbrustfilets in 750 ml Salzwasser zum Kochen bringen und 35 Minuten sanft köcheln lassen. /// Den Reis nach Packungsanweisung in der doppelten Menge Salzwasser garen. /// Die Hähnchenbrustfilets herausnehmen, die Fleischbrühe umgießen und kurz beiseitestellen. /// Die Butter im Topf schmelzen, das Mehl mit einem Schneebesen einrühren. Die Brühe unter Rühren dazugeben und die Soße aufkochen. /// Den Spargel in Stücke schneiden und mit den Erbsen und der Kochsahne in die Soße geben. Die Hähnchenbrustfilets klein schneiden und ebenfalls dazugeben. /// Das Frikassee weitere 5 Minuten köcheln lassen und mit Muskat, Zitronensaft und etwas Salz abschmecken. Den Reis dazu reichen.

Schnelle Lachsspieße

Enthält viele Omega-3-Fettsäuren

🍽 4 Portionen ⏱ 35 Min.

300 g Lachsfilet ›**2 Zucchini** ›**1 rote Paprikaschote** ›**1 EL Olivenöl** ›**Salz** ›**Pfeffer** ›**½ Körnerbaguette**

/// Den Lachs in 3 cm große Würfel schneiden. Die Zucchini in dicke Scheiben schneiden. Die Paprika halbieren, entkernen und in Stücke schneiden. /// Abwechselnd Lachs, Zucchini- und Paprikastücke auf Spieße stecken. Mit Olivenöl bepinseln und mit etwas Salz und Pfeffer würzen. /// Die Lachsspieße auf ein mit Backpapier belegtes Backblech legen und im vorgeheizten Backofen bei 200 °C 20 Minuten garen. Dazu das Baguette reichen.

Kartoffel-Lachs-Auflauf

Enthält viele gesunde Fette

🍽 4 Portionen   🕐 60 Min.

1 kg Kartoffeln ➤**400 g Lachsfilet** ➤**200 ml Sahne** ➤**200 ml Bio-Milch** ➤**1 Ei** ➤**Salz** ➤**Muskat** ➤**etwas frischer Dill**

/// Die Kartoffeln schälen und in Würfel schneiden. In kochendem Salzwasser 10 Minuten vorgaren. Abgießen und in eine ofenfeste Form geben. /// Den Lachs in 3 cm große Würfel schneiden und zu den Kartoffeln geben. Die Sahne mit der Milch und dem Ei sowie etwas Salz, Muskat und Dill verrühren. Die Mischung über die Kartoffeln und den Lachs verteilen. /// Den Auflauf im vorgeheizten Backofen bei 180 °C 30 bis 35 Minuten backen.

Fisch-Curry

Enthält viele Omega-3-Fettsäuren

🍽 4 Portionen   🕐 60 Min.

350 g Basmatireis ➤**Salz** ➤**250 g Fischfilet z. B. Rotbarsch oder Seelachs** ➤**300 g Garnelen, geschält** ➤**2 EL Olivenöl** ➤**1 Schalotte** ➤**1 Knoblauchzehe** ➤**1 rote Paprikaschote** ➤**1 kleine Zucchini** ➤**¼ Bund frischer Dill** ➤**200 g gehackte Tomaten (aus der Dose)** ➤**200 g Kokosmilch** ➤**¼ TL Kurkuma**

/// Den Basmatireis in ein feines Sieb geben und unter fließendem Wasser waschen, bis das Wasser klar ist. /// Den Reis mit der doppelten Menge Salzwasser in einen Topf geben und nach Packungsanweisung gar kochen. /// Das Fischfilet auf Gräten untersuchen und in Stücke schneiden. Den Fisch mit den Garnelen in einer Pfanne in dem heißen Öl rundherum anbraten. /// Die Schalotte und die Knoblauchzehe schälen und fein würfeln. Die Paprika und die Zucchini putzen und klein schneiden. Das Gemüse mit in die Pfanne geben und kurz mit andünsten. /// Die gehackten Tomaten, die Kokosmilch und das Kurkumapulver dazugeben und alles etwa 8 Minuten köcheln lassen. /// Das Fisch-Curry mit dem Basmatireis servieren.

Fisch mit Goldtalern

Ein Blech für alle

🍽 4 Portionen 🕐 60 Min.

200 g helles Fischfilet, z. B. Seelachs **>200 g Lachsfilet** **>ca. 150 g Cornflakes** **>100 g Mehl** **>2 verquirlte Eier** **>400 g Kartoffeln** **>2 Möhren** **>3 EL Olivenöl** **>Salz** **>Pfeffer**

/// Den Fisch auf Gräten untersuchen und in große Würfel schneiden. Die Cornflakes grob zerdrücken. Den Fisch erst in Mehl, dann in Ei und zuletzt in den Cornflakes wenden. /// Die Kartoffeln schälen und in 2 mm dünne Scheiben schneiden. Die Möhren schälen und in etwas dickere Scheiben schneiden. Kartoffeln, Möhren und Fischwürfel auf einem mit Backpapier belegten Blech verteilen. Das Olivenöl darüberträufeln. Mit etwas Salz und Pfeffer würzen. /// Fisch und Gemüse im vorgeheizten Backofen bei 180 °C 25 Minuten backen. Aus dem Ofen nehmen und den Fisch mit den Kartoffel- und Möhren-Goldtalern auf einer großen Platte anrichten.

Süßes & Nachtisch

Bunte Beeren mit
Grießnocken,
Seite 204

197

Kokosmilchreis
mit Mangosoße

Ohne Kuhmilch

🍽 4 Portionen   🕐 40 Min.

125 g Milchreis ➤**400 ml Kokosmilch**
➤**100 ml Mandeldrink** ➤**1 Mango**
➤**1 TL Limettensaft** ➤**4 TL Kokosflocken**

 Den Milchreis, die Kokosmilch und die Mandelmilch aufkochen. Offen bei kleiner Hitze 30 Minuten köcheln lassen, dabei gelegentlich umrühren.  Die Mango schälen und das Fruchtfleisch vom Kern schneiden. Zu einer feinen Soße pürieren und mit Limettensaft abschmecken. Den Kokosmilchreis mit Kokosflocken bestreuen und mit der Mangosoße genießen.

Schokopudding
selbst gemacht

Wenig Zucker

🍽 4 Portionen   🕐 15 Min.

½ Bio-Vollmilch ➤**3 EL Speisestärke**
➤**100 g Edelbitterschokolade** ➤**1 EL Kokosblütenzucker** ➤**1 Prise Salz** ➤**1 TL ungesüßtes Kakaopulver**

 Etwa 6 Esslöffel Milch mit der Speisestärke in einer Schüssel glattrühren. /// Die Schokolade in kleine Stücke hacken. Die übrige Milch mit der gehackten Schokolade, dem Kokosblütenzucker und Salz langsam aufkochen. ///Die angerührte Speisestärke in die Schokoladenmilch einrühren. Den Pudding unter Rühren nochmals aufkochen lassen. Den Topf vom Herd nehmen. ///Den Pudding in Portionsschälchen füllen. Mit Kakaopulver bestäuben. Schmeckt warm und kalt!

Vollkorn-pfannkuchen

Die gesunde Variante des Klassikers

🍽 8 Stück   ⏱ 30 Min.

3 Eier >**2 EL Rapsöl** >**300 ml Bio-Vollmilch oder Pflanzendrink** >**125 g Dinkelvollkornmehl** >**1 Prise Salz** >**Rapsöl zum Braten**

/// Die Eier mit 2 Esslöffeln Rapsöl und Milch bzw. Pflanzendrink verrühren. Das Mehl und 1 Prise Salz dazugeben und zu einem glatten Teig verrühren. Den Teig 10 Minuten ruhen lassen. /// Etwas Rapsöl in einer Pfanne erhitzen. Je 1 kleine Kelle Teig hineingeben und darin nacheinander insgesamt 8 dünne Pfannkuchen auf beiden Seiten hellbraun backen. Die Pfannkuchen im vorgeheizten Backofen bei 80 °C warmhalten.

VARIANTE Diese Pfannkuchen sind vielseitig und können mit Nussmus, Obst oder Fruchtquark befüllt werden. Wer es herzhaft mag, greift zu Käse, Tomaten, Spinat oder Hackfleisch.

Zucker sparen – so geht's ganz einfach

SÜSSSPEISEN zum Mittag- oder Abendessen sind beliebt bei Kindern. Einmal pro Woche Milchreis oder Kaiserschmarrn reicht aber. Bereiten Sie Süßspeisen möglichst selbst zu, denn fertig aus dem Supermarkt enthalten sie viel Zucker.

BEIM BACKEN lässt sich viel Zucker sparen. Bei den meisten herkömmlichen Rezepten können Sie die Zuckermenge um die Hälfte reduzieren. Ganz ohne die weißen Kristalle geht es auch: Kekse und Kuchen können Sie auch prima mit gesünderen Zuckeralternativen backen, z. B. mit der natürlichen Süße von Bananen. Mehr dazu erfahren Sie im Kapitel »Die besten natürlichen Zuckeralternativen« (Seite 210).

FRISCH KOCHEN Nur rund 20 Prozent unseres täglich verzehrten Zuckers stammen aus Süßigkeiten, 80 Prozent sind in verarbeiteten Lebensmitteln wie Wurst, Konserven, Müsli, Milchprodukten, Aufstrichen, Soßen und Fertiggerichten enthalten. In ihnen steckt viel Zucker, weil er ein billiger Geschmacksträger ist. Besser möglichst oft selbst kochen, dann wissen Sie genau, was drinsteckt.

Frozen Joghurt,
Seite 202

Die 4 besten Eiscremes ohne Zucker

Eis ist pures Kinderglück!
Hier kommen
4 Lieblingssorten –
ganz ohne raffinierten Zucker.

1

Erdbeer-Bananen-
Eis

Kinder möchten Süßes, Eltern wollen Gesundes – dieses natursüße Eis ist die Lösung des Dilemmas.

🍽 4 Portionen

🕐 15 Min. + über Nacht gefrieren

2 Bananen ▸2 Handvoll TK-Erdbeeren ▸2–3 EL Mandeldrink

/// Die Bananen in Scheiben schneiden und über Nacht ins Gefrierfach legen. /// Am nächsten Tag die tiefgekühlten Bananen und Erdbeeren mit etwas Mandeldrink in einen Mixer geben und fein pürieren. /// Das Fruchteis in kleine Schälchen geben und sofort genießen.

Frozen
Joghurt

2

Joghurt zum Schlecken: Süße Früchte und griechischer Joghurt ergeben ein gutes Team für einen farbenfrohen und gesunden Kinder-Snack.

🍽 6 Portionen

🕐 15 Min. + über Nacht gefrieren

200 g Blaubeeren (frisch oder TK) ▸300 g griechischer Joghurt

außerdem
6 Eisförmchen

/// Die Blaubeeren mit dem Joghurt pürieren. /// Die Mischung in die Eisförmchen geben und 2 Stunden gefrieren lassen. Dann je einen kleinen Löffel oder einen Eisstiel hineinstecken. /// Den Frozen Joghurt über Nacht komplett fest werden lassen.

3 Erdbeer-Kokos-
Drops

Wer nach einer kleinen Nascherei sucht, hat mit diesen zucker- und milchfreien Eis-Drops genau das Richtige gefunden.

🍽 4 Portionen
🕐 15 Min. + über Nacht gefrieren

200 g Kokosjoghurt ›**100 g Erdbeeren (frisch oder TK)**

/// Den Kokosjoghurt mit den Erdbeeren fein pürieren. Den Erdbeerjoghurt in einen Gefrierbeutel füllen und an der unteren Ecke eine Spitze abschneiden. Damit kleine Drops auf einen flachen Teller geben und diesen anschließend ins Gefrierfach stellen. /// Nach einer Stunde sind die Drops gefroren und können in einen Gefrierbeutel umgefüllt werden. Immer wenn der Eishunger kommt, haben Sie so eine kleine Naschportion Eis parat!

Stracciatella- 4
Eis

Wer möchte, nimmt für dieses Eis ungesüßte Bitterschokolade (aus dem Bioladen) aus 100 Prozent Kakao oder eine dattelgesüßte Sorte.

🍽 4 Portionen
🕐 15 Min. + über Nacht gefrieren

2 Bananen ›**3–4 EL Mandeldrink** ›**2 EL Zart-bitter-Raspelschokolade**

/// Die Bananen in Scheiben schneiden und über Nacht in den Gefrierschrank legen. /// Am nächsten Tag die gefrorenen Bananen mit dem Mandeldrink in einen Mixer geben und beides in 1 bis 2 Minuten zu einem cremigen Eis pürieren. Die Raspelschokolade unterrühren. /// Das Stracciatella-Eis in kleine Schälchen füllen und sofort genießen.

Bunte Beeren
mit Grießnocken

Glück zum Löffeln

🍽 2–3 Portionen   🕐 15 Min.

½ Orange ➤300 g TK-Beerenmischung
➤350 ml Bio-Vollmilch bzw. Pflanzendrink ➤50 g Vollkorngrieß

/// Die Orangenhälfte auspressen. Den Orangensaft und die Beerenmischung in einen Topf
geben und etwa 10 Minuten köcheln lassen. ///
Für die Nocken die Milch bzw. den Pflanzendrink aufkochen. Den Grieß unter Rühren
einrieseln lassen. Den Topf von der Herdplatte
nehmen und den Grieß 5 Minuten quellen lassen. /// Mit 2 nassen Löffeln Nocken aus dem
Grieß stechen und auf den Beeren anrichten.

Kirsch-Crumble
mit Apfelquark

Mit Haferflocken

🍽 4 Portionen   🕐 60 Min.

100 g Dinkelvollkornmehl ➤4 EL Rohzucker
➤60 g Butter ➤2 EL zarte Haferflocken ➤1 Prise Zimt ➤500 g Sauerkirschen, entsteint, aus
dem Glas oder TK ➤1 Apfel ➤250 g Speisequark ➤1 Päckchen Vanillezucker

/// Für die Streusel Mehl, Zucker, Butter, Haferflocken und Zimt zu einem krümeligen Teig
verkneten. Den Teig in Frischhaltefolie wickeln und für 30 Minuten in den Kühlschrank
legen. /// Die Kirschen in einer ofenfesten
Form verteilen. Den Streuselteig aus dem
Kühlschrank nehmen und über die Kirschen
krümeln. Den Crumble im vorgeheizten Backofen bei 180 °C 20 Minuten backen. /// Den
Apfel fein reiben und mit dem Quark und dem
Vanillezucker verrühren. Den Apfelquark zum
Kirsch-Crumble reichen.

Knusper-
Berge

Schnelle Leckerbissen

🍽 25 Stück   🕐 15 Min.

100 g ungesüßte Vollkornflakes, z. B. aus Dinkel oder Hirse ➤2 EL Mandelstifte ➤100 g Zartbitterkuvertüre

/// Die Vollkornflakes und die Mandeln in einer Schüssel vermischen. /// Die Kuvertüre grob hacken und in einer Schüssel im Wasserbad schmelzen. /// Die geschmolzene Schokolade über den Cornflakes-Mandel-Mix gießen und alles mit 2 Löffeln gründlich mischen. /// Ein Blech mit Backpapier auslegen und mit 2 Teelöffeln kleine Häufchen auf das Papier setzen. Die Knusperberge auskühlen und fest werden lassen.

Apfel-
Tiramisu

Ganz ohne Ei

🍽 6–8 Portionen   🕐 30 Min.

3 Äpfel ➤1 TL Zitronensaft ➤250 g Mascarpone ➤250 g Magerquark ➤1 Päckchen Vanillezucker ➤200 g Vollkorn-Löffelbiskuits ➤100 g Mandelblättchen ➤1 EL Kakaopulver

/// Die Äpfel schälen, vierteln und entkernen. In Stücke schneiden und mit dem Zitronensaft und 3 Esslöffeln Wasser 10 Minuten dünsten. Das Apfelkompott erkalten lassen. /// Mascarpone, Quark und Vanillezucker cremig rühren. /// Eine eckige Auflaufform mit den Löffelbiskuits auslegen. Darauf das Apfelkompott verteilen. Zum Schluss die Mascarponecreme locker darauf verstreichen. /// Das Tiramisu etwas durchziehen lassen und vor dem Servieren mit Kakaopulver bestäuben.

Kuchen, Kekse & Co.

Erdbeerkuchen,
Seite 219

Vollkorn-Amerikaner

Auch für Geburtstage

🍽 ca. 18 Stück   ⏱ 30 Min.

**100 g weiche Butter >80 g Kokosblüten-
zucker oder Rohzucker >2 Eier (M)
>240 g Dinkelvollkornmehl >1 Tüte Vanille-
puddingpulver >2 TL Backpulver >1 Prise
Salz >5 EL Bio-Milch bzw. Pflanzendrink
>ca. 150 g Puderzucker**

/// Den Backofen auf 180 °C vorheizen. Die
Butter mit dem Kokosblütenzucker cremig
rühren. Nacheinander die Eier unterrühren. ///
Dinkelvollkornmehl, Backpulver, Vanillepud-
dingpulver und Salz hinzufügen. Alles mit dem
Handrührgerät verrühren. Die Milch bzw. den
Pflanzendrink dazugeben und alles zu einem
glatten Rührteig verrühren. /// Ein Backblech
mit Backpapier belegen. Mit einem Esslöffel etwa 18 Kleckse auf das Blech geben. Die
Kleckse etwas flach drücken und mit einem
Löffel zu runden Kreisen formen. /// Im Ofen
10 bis 14 Minuten backen. Herausnehmen und
etwas abkühlen lassen. /// Den Puderzucker
mit etwas Wasser glattrühren. Die glatte Seite
der Amerikaner mit Zuckerguss bestreichen.

Müsli-Cookies

Auch für die Brotdose

🍽 25 Stück   ⏱ 30 Min.

**125 g weiche Butter >160 g Dattelsüße
>1 Ei (L) >100 g zarte Haferflocken >100 g
Rosinen >60 g Kokosraspel >120 g Dinkelmehl Type 1050 >½ TL Weinstein-Backpulver >1 Prise Salz**

/// Den Backofen auf 180 Grad vorheizen.
Butter und Dattelsüße cremig rühren. Das Ei
hinzufügen und kräftig unterrühren. /// Die
übrigen Zutaten zufügen und alles zu einem
glatten Teig verarbeiten. /// Pro Cookie 1 ge-
häuften Esslöffel Teig auf ein mit Backpapier
belegtes Backblech geben. Ausreichend Ab-
stand lassen, da die Cookies beim Backen etwas
auseinanderlaufen. /// Etwa 12 bis 15 Minuten
leicht goldgelb backen. Auf einem Kuchengitter
abkühlen lassen.

Walnuss-
Wölkchen
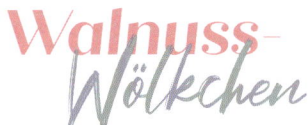

Kinderleicht

🍪 30 Stück   🕐 30 Min.

**100 g weiche Butter ➤80 g Kokosblüten-
zucker oder Rohzucker ➤1 Ei ➤1 Prise
Salz ➤½ TL Weinstein-Backpulver ➤200 g
Dinkelmehl Type 1050 oder Dinkelvollkornmehl ➤100 g weiße Schokolade ➤3 EL gehackte Walnüsse**

/// Butter und Zucker mit dem Handrührgerät
schaumig schlagen. Das Ei unterrühren. Salz,
Backpulver und Mehl mischen und zur But-
termischung geben. /// Die Schokolade fein
hacken oder raspeln und mit den gehackten
Walnüssen unter den Teig mischen. /// Mit 2
Teelöffeln kleine Häufchen auf ein mit Backpapier belegtes Blech geben. Leicht flach drücken.
Die Walnusswölkchen im vorgeheizten Backofen bei 200 °C 8 bis 9 Minuten backen.

Vollkorn-
Brownies

Bleiben lange saftig

🍪 20 kleine Stücke   🕐 40 Min.

**100 g Butter + etwas Butter zum Fetten
➤200 g Zartbitterschokolade ➤3 Eier (M)
➤150 g Zucker oder Kokosblütenzucker
➤100 g Dinkelvollkornmehl**

/// Eine eckige Backform oder Auflaufform
(ca. 20 × 30 cm) fetten. /// Die Butter und die
Schokolade in einer Schüssel im warmen Wasserbad schmelzen. /// Die Eier mit dem Zucker
schaumig rühren. Erst die Butter-Schokoladen-
Mischung, dann das Mehl unterrühren. /// Die
Form mit Backpapier auslegen und den Teig
hineingeben. Im vorgeheizten Backofen bei
180 °C 25 Minuten backen. /// Abkühlen lassen
und in Brownie-Würfel schneiden.

VARIANTE Wer mag, kann den Teig mit
100 g gehackten Pekannüssen oder Walnüssen
verfeinern.

Die besten natürlichen Zuckeralternativen

Backen ohne raffinierten Haushaltszucker? Das geht wunderbar! Mit natürlichen Zuckeralternativen wie Kokosblütenzucker, Dattelsüße und Früchten lassen sich Gebäck, Müsli und Co. ebenso gut süßen.

Aber auch wenn diese Zuckeralternativen weniger verarbeitet und dadurch natürlicher sind: Sie sind ebenfalls süß und sollten sparsam eingesetzt werden.

Honig

Das Bienenprodukt süßt stärker als Zucker und kann daher sparsamer eingesetzt werden. Kalt geschleuderter Honig liefert auch wertvolle Enzyme und antibiotisch wirkende Inhaltsstoffe, die jedoch nur dann erhalten bleiben, wenn er nicht erhitzt wird.

Dattelsüße

Die im Handel erhältliche bräune, krümelige Süße besteht zu 100 Prozent aus getrockneten Datteln – in ihr stecken rund 8 Prozent Ballaststoffe. In Backrezepten für Kuchen, Plätzchen und Waffeln kann Dattelsüße Zucker 1:1 ersetzen. Alternativ können Sie auch **Dattelpaste** selber machen: Pürieren Sie dafür etwa 150 g entkernte Soft-Datteln mit 80 ml Wasser. In ein Schraubglas gefüllt hält sich die Dattelpaste 2 bis 3 Wochen.

Bananen

Im Mix mit den Ballaststoffen geht der in Bananen enthaltene Fruchtzucker langsamer ins Blut als raffinierter, weißer Zucker. Daneben liefern die Früchte Vitamin C, B-Vitamine und Magnesium. In Teigen sorgt ein Mus aus den Früchten für natürliche Süße. Für besonders lockere Teige kann Bananenmus auch gut mit körniger Dattelsüße kombiniert werden.

Reissirup

Der zähflüssige Sirup wird aus Reis hergestellt. Er erinnert geschmacklich leicht an Karamell, süßt allerdings deutlich weniger stark als andere Zuckerarten. Das Besondere: Er ist frei von Fruktose und aus diesem Grund ideal bei einer Fruktoseintoleranz.

Kokosblüten-zucker

Der braune, krümelige Zucker wird aus den Blüten der Kokospalme gewonnen und zu körnigen Kristallen getrocknet. Er enthält kleine Mengen an Vitaminen und Mineralien und immerhin 1 Prozent Inulin, einen gesunden Ballaststoff. Sein karamellartiges Aroma schmeckt gut in Kuchen, Keksen und Muffins. Zur Gewinnung des Zuckers müssen die Palmen nicht gefällt werden. Daher gilt er als sehr nachhaltig, auch wenn er aus Übersee stammt.

1 Keksrezept,
4 Varianten

Für alle, die beim Backen gerne experimentieren.

Alleskönner-Teig

Wenig Zucker • mit Vollkorn

🔔 40 Stück
⏱ 30 Min.

300 g Dinkelvollkornmehl > **160 g kalte Butter** > **1 Ei** > **3 EL Dattelsüße oder Rohzucker**

/// Das Mehl mit den übrigen Zutaten in eine Schüssel geben und rasch zu einem glatten Teig verkneten. /// Nur so lange wie nötig kneten, damit der Teig nicht zu weich wird – am besten in einer Küchenmaschine oder mit dem Handrührgerät. /// Den Teig ausrollen und Plätzchen ausstechen. Auf ein Blech mit Backpapier legen und im vorgeheizten Backofen bei 180 °C 8 bis 10 Minuten backen.

Variante 1
Gewürzplätzchen

/// 1 Messerspitze Hildegard-von-Bingen-Keksgewürz (Zimt, Muskat und Nelken) zum Teig geben und verkneten. /// Den Teig ausrollen, Plätzchen ausstechen und wie beschrieben backen.

Variante 2
Nusskekse

/// Schön nussig wird der Teig, wenn Sie 100 g Mehl durch 100 g gemahlene Mandeln oder Haselnüsse ersetzen. /// Den Nussteig ausrollen und Plätzchen ausstechen. /// Nach Belieben vor dem Backen mit gehobelten Mandeln bestreuen, diese etwas festdrücken und die Plätzchen wie beschrieben backen.

Variante 3
Schokokekse

/// Den Teig wie beschrieben zubereiten und 1 Esslöffel ungesüßtes Kakaopulver unterkneten. /// Den Teig ausrollen und Plätzchen ausstechen.

Variante 4
Bunte Kekse mit Guss

/// Einen Puderzuckerguss aus 5 Esslöffeln Puderzucker und etwas Wasser anrühren. /// Die fertig gebackenen Kekse damit bestreichen und mit bunten Perlen bestreuen.

Schneller Blech-
kuchen, Seite 216

Die 4 besten Kuchen für den Kindergeburtstag

Diese Kuchen sind die süßen Highlights jeder Geburtstagstafel!

Schoko-Gugelhupf

1

Unser Lieblings-Gugelhupf besitzt alle Vorzüge der klassischen Variante, kommt aber völlig ohne raffinierten Zucker aus.

🔔 1 Gugelhupf   ⏰ 60 Min.

300 g weiche Butter + etwas Butter zum Fetten ▸**240 g Dattelsüße (alternativ Rohzucker)** ▸**4 EL Bio-Milch bzw. Pflanzendrink** ▸**5 Eier** ▸**370 g Dinkelmehl Type 1050** ▸**1 EL Weinstein-Backpulver** ▸**Salz** ▸**5 EL ungesüßtes Kakaopulver**

/// Eine Gugelhupfform (22–24 cm) mit Butter fetten. Butter und Dattelsüße cremig rühren. /// Milch bzw. Pflanzendrink, Eier, Mehl, Backpulver und Salz dazugeben und alles gut verrühren. Das Kakaopulver hinzufügen und unterrühren. /// Den Gugelhupf im vorgeheizten Backofen bei 180 °C 50 Minuten backen.

TIPP Den Kuchen nach Belieben mit Puderzucker bestäuben oder mit Schokoladenguss überziehen.

Schneller Blechkuchen zum Verzieren

2

Ob mit grünen Streuseln und Esspapier-Blümchen als Pferdeweide oder als Fußballplatz – dieser Kuchen lässt sich ganz nach Kinderwunsch gestalten.

🔔 1 Blech   ⏰ 35 Min.

300 g Dinkelmehl Type 1050 ▸**1 Päckchen Weinstein-Backpulver** ▸**180 g Zucker** ▸**1 Päckchen Vanillezucker** ▸**4 Eier (M)** ▸**150 g Rapsöl** ▸**3 EL Zitronensaft** ▸**1 Apfel**

für den Guss
150 g Puderzucker ▸**3–4 EL Zitronensaft** ▸**Zuckerperlen oder bunte Schokolinsen zum Verzieren**

/// Alle Teigzutaten in eine Schüssel geben und zu einem glatten Teig rühren. Den Apfel vierteln, entkernen, fein raspeln und unterrühren. /// Den Teig auf ein mit Backpapier belegtes Blech geben. Den Kuchen im vorgeheizten Backofen bei 180 °C 20 Minuten backen. /// Puderzucker und Zitronensaft zu einem Guss verrühren und den noch warmen Kuchen damit bestreichen. Zuckerperlen oder bunte Schokolinsen daraufstreuen.

NATÜRLICH FÄRBEN Für rosafarbenen Zuckerguss können Sie den Puderzucker auch mit Kirsch- oder Rote-Bete-Saft anrühren. Mit Möhrensaft bekommt der Zuckerguss eine orangefarbene Note.

3
Kalter Hund mit
Vollkornkeksen

Diese Leckerei ohne Backen hat den vollen knusprig-schokoladigen Geschmack und kommt mit einer dezenten Süße aus.

🔔 20 Stücke
🕐 30 Min. + 2 Std. kühl stellen

300 g Zartbitter-Kuvertüre ▸ 300 g Voll-milch-Kuvertüre ▸ 150 g Kokosfett ▸ 200 g Sahne ▸ 250 g Vollkorn-Butterkekse oder ungesüßte Babykekse

///Eine Kastenform mit Frischhaltefolie aus-legen. Die Kuvertüre grob hacken und mit dem Kokosfett und der Sahne in einem Topf schmelzen. ///Zuerst eine Schicht Kekse in die Kastenform geben, dann eine Schicht Schoko-creme. Abwechselnd Schokocreme und Kekse einschichten. Die Kastenform für mindestens 2 Stunden, noch besser über Nacht, in den Kühlschrank stellen, damit die Creme fest wird. ///Am nächsten Tag den Kalten Hund mithilfe der Frischhaltefolie aus der Form lösen und vorsichtig auf einen Kuchenteller stürzen.

Dattelsüße
Cake Pops

Was mir an diesem Rezept gefällt, ist, dass es keinen raffinierten Zucker enthält. Die kleinen Happen schmecken fantastisch – und Kinder lieben die Lolli-Form.

🔔 20 Stück   🕐 30 Min.

4

50 g weiche Butter ▸ 2 Eier ▸ 180 g Dinkel-vollkornmehl ▸ 1 Prise Salz ▸ 2 EL Dattelsüße (oder Rohzucker) ▸ 1 TL Weinstein-Back-pulver ▸ 4 EL Bio-Vollmilch oder Pflanzen-drink ▸ etwas Butter zum Fetten

außerdem
1 Cake-Pop-Form ▸ 20 Lolli-Stiele

///Die Butter mit den Eiern schaumig rühren. Mehl, Salz, Dattelsüße, Backpulver und Milch bzw. Pflanzendrink dazugeben und mit dem Handrührgerät zu einem glatten Teig verrüh-ren. ///Den Teig in die Mulden einer gefetteten Cake-Pop-Form füllen. Die obere Hälfte der Form aufsetzen und die Küchlein im vorge-heizten Backofen bei 180 °C 10 Minuten ba-cken. ///Die Cake Pops aus dem Ofen nehmen, auskühlen lassen und jede Kugel auf einen Lolli-Stiel setzen.

TIPP Für Schoko-Cake-Pops nehmen Sie nur 140 g Mehl und rühren zusätzlich 40 g (4 EL) ungesüßtes Kakaopulver unter den Teig.

Vollkorn-Hefezopf

Gesunde Variante des Klassikers

🔔 1 Zopf ⏱ 100 Min.

250 g Dinkelvollkornmehl ➤**250 g Dinkelmehl Type 1050** ➤**1 Päckchen Trockenhefe** ➤**3 EL Dattelsüße oder Rohzucker** ➤**1 Prise Salz** ➤**250 ml Pflanzendrink + etwas Pflanzendrink zum Bepinseln** ➤**100 g weiche Butter** ➤**3 EL Mandelblättchen**

/// Das Mehl mit der Hefe, der Dattelsüße und dem Salz vermischen. Den Pflanzendrink und die Butter dazugeben und alles zu einem geschmeidigen Teig verkneten. Den Teig an einem warmen Ort abgedeckt mindestens 45 Minuten gehen lassen. /// Den Teig auf einer bemehlten Fläche in drei gleich große Stücke teilen und zu Strängen von ca. 35 cm Länge rollen. /// Aus den drei Strängen einen Zopf flechten, diesen auf ein mit Backpapier belegtes Blech geben. Mit etwas Pflanzendrink bestreichen und mit den Mandelblättchen bestreuen. Im vorgeheizten Backofen bei 180 °C 35 Minuten backen.

TIPP Aus dem Teig lassen sich zur Osterzeit auch kleine Hasen formen. Die Hefehasen je nach Größe etwa 15 Minuten im Ofen backen.

Zimt-Schnecken

Lassen sich gut einfrieren

🔔 12 Stück ⏱ 60 Min.

500 g Dinkelmehl Type 1050 ➤**1 Päckchen Trockenhefe** ➤**4 EL Kokosblütenzucker oder Rohzucker** ➤**250 ml Bio-Milch bzw. Pflanzendrink** ➤**200 g Butter** ➤**1 Prise Salz** ➤**100 g Zimtzucker**

/// Das Mehl in eine Schüssel geben und mit der Trockenhefe und dem Zucker vermischen. /// Milch bzw. Pflanzendrink in einen Topf geben und erwärmen. 100 g der Butter darin schmelzen. Den Milch-Butter-Mix mit den Knethaken des Handrührgeräts unter das Mehl mischen. /// Den Teig gut durchkneten und abgedeckt an einem warmen Ort etwa 30 Minuten gehen lassen. /// Den Teig auf einer bemehlten Arbeitsfläche zu einem Rechteck ausrollen (ca. 30 × 20 cm). Mit der übrigen Butter bestreichen und den Zimtzucker gleichmäßig darüberstreuen. /// Den Teig von der langen Seite her aufrollen. Mit einem scharfen Messer etwa 3 cm dicke Schnecken abschneiden und auf ein mit Backpapier belegtes Blech geben. /// Die Zimtschnecken im vorgeheizten Backofen bei 180 °C auf der mittleren Schiene 20 Minuten goldbraun backen.

Erdbeer-kuchen

Mit Dinkel

🍰 12 Stücke 🕐 60 Min.

Etwas Butter zum Fetten ›**3 EL gehobelte Mandeln** ›**4 Eier** ›**80 g Rohzucker** ›**60 g zerlassene Butter** ›**100 g Dinkelmehl Type 630**

Für den Belag
500 g Erdbeeren oder gemischte Beeren ›**1 Päckchen Tortenguss** ›**250 g Schlagsahne**

/// Eine Springform (28 cm Ø) mit Butter fetten und mit gehobelten Mandeln ausstreuen. /// Die Eier trennen und die Eiweiße steif schlagen. /// Das Eigelb mit dem Zucker schaumig rühren. Die Butter und das Mehl dazugeben, dann den Eischnee vorsichtig unterheben. Den Biskuitteig in die Form füllen und im vorgeheizten Backofen bei 180 °C 15 Minuten backen. /// Die Erdbeeren putzen und halbieren. Den Tortenboden damit belegen. /// Den Guss nach Packungsanweisung zubereiten und von der Mitte aus gleichmäßig auf den Erdbeeren verteilen. Die Sahne steif schlagen und dazu reichen.

Omas bester Apfelkuchen

Mit Vollkorn

🍰 12 Stücke 🕐 60 Min.

200 g weiche Butter ›**150 g Kokosblütenzucker oder Dattelsüße** ›**3 große Eier** ›**150 g Dinkelvollkornmehl** ›**50 g Speisestärke (oder mehr Mehl)** ›**½ Päckchen Backpulver** ›**1 kg Äpfel** ›**etwas Zimtzucker** ›**evtl. 15 Gänseblümchen**

/// Den Backofen auf 160 °C Umluft vorheizen. /// Die Butter mit dem Kokosblütenzucker schaumig rühren. Die Eier unterrühren. Das Mehl, die Speisestärke und das Backpulver mischen und unter die Eiermasse rühren. /// Den Teig in eine Springform (28 cm) füllen. Die Äpfel schälen, entkernen und in schmale Spalten schneiden, mit etwas Zimtzucker bestreuen. Den Teig damit fächerförmig belegen und die Äpfel etwas hineindrücken. /// Den Kuchen im Ofen etwa 35 Minuten backen. Herausnehmen, etwas abkühlen lassen und nach Belieben mit Gänseblümchen dekorieren.

Stichwortverzeichnis

Rezeptverzeichnis

Lieblingsrezepte
für die ganze Familie

Edith Gätgen
Das geniale Familienkochbuch
€ 19,99 [D] / € 20,60 [A]
ISBN 978-3-432-10308-2

Edith Gätgen
Das geniale Familienkochbuch vegetarisch
€ 19,99 [D] / € 20,60 [A]
ISBN 978-3-432-11089-9

Nathalie Klüver
Das Familienkochbuch für nicht perfekte Mütter
€ 14,99 [D] / € 15,50 [A]
ISBN 978-3-432-11136-0

Steffi Sinzenich
Die einfachsten Familiengerichte aller Zeiten
€ 12,99 [D] / € 13,40 [A]
ISBN 978-3-432-11016-5

TRIAS

**Bibliografische Information
der Deutschen Nationalbibliothek**
Die Deutsche Nationalbibliothek verzeichnet diese Publikation in der Deutschen Nationalbibliografie; detaillierte bibliografische Daten sind im Internet über http://dnb.d-nb.de abrufbar.

Programmplanung: Uta Spieldiener
Projektmanagement: Sabine Ilg
Redaktion: Annette Barth
Bildredaktion: Christoph Frick,
Caroline Merdian

Umschlaggestaltung und Layout:
CYCLUS · Visuelle Kommunikation,
Stuttgart

Bildnachweis:
Umschlagfoto vorn: einzelne Bilder der
Montage: Meike Bergmann, Berlin
Fotos im Innenteil:
Alle Rezeptfotos: Meike Bergmann, Berlin
People-Fotos: Simone Schneider,
Stuttgart
Autorenfoto: Fotografie Anita Frischhut
www.anitafrischhut.com

1. Auflage 2021

©2021. Thieme. All rights reserved.
TRIAS Verlag in Georg Thieme Verlag KG,
Rüdigerstraße 14, 70469 Stuttgart,
Germany
www.thieme.de
www.trias-verlag.de

Printed in Germany

Repro und Satz:
CYCLUS · Media Produktion, Stuttgart
gesetzt in Adobe InDesign CC
Druck: Westermann Druck Zwickau GmbH,
Zwickau

Gedruckt auf chlorfrei gebleichtem Papier

ISBN 978-3-432-11022-6   1 2 3 4 5 6

Auch erhältlich als E-Book:
eISBN (ePub) 978-3-432-11023-3